Martin Thomaschütz

Kirche und Staat
im Mittelalter und heute

Religiöse Institutionen als
Ko-Produzenten von Staatlichkeit

I

Bibliografische Information der Deutschen Nationalbibliothek:

Die Deutsche Nationalbibliothek verzeichnet diese Publikation in der Deutschen Nationalbibliografie; detaillierte bibliografische Daten sind im Internet über http://dnb.d-nb.de abrufbar.

Impressum:

Copyright © Science Factory 2019

Ein Imprint der Open Publishing GmbH, München

Druck und Bindung: Books on Demand GmbH, Norderstedt, Germany

Covergestaltung: Open Publishing GmbH

II

Inhaltsverzeichnis

1 Einleitung

Gab es einen Staat im Mittelalter? Diese Frage stellte Prof. Brauer seinen Studieren-den im gleichnamigen Seminar, abgehalten im Sommersemester 2018 am Institut für Geschichte der Universität Salzburg. Legt man den klassischen Nationalstaats-begriff, der um 1900 von Max WEBER und Georg JELLINEK geprägt wurde, zugrunde, kann diese Frage wohl schnell verneint werden. Doch müsste dann nicht auch zahl-reichen modernen Staaten des 21. Jahrhunderts ihre ‚Staatlichkeit' aberkannt wer-den – darunter auch Staaten, die ungefragt als solche akzeptiert sind? Gibt es nicht gerade auch in Europa (an das Max WEBER und Georg JELLINEK bei ihrer Begriffsde-finition Ende des 19. Jahrhunderts in erster Linie gedacht haben dürften) genügend Staaten, die Aufgaben der staatlichen Souveränität einerseits ‚nach oben', also an suprastaatliche Organisationen wie die EU abgeben, andererseits ‚nach unten' an nicht-staatliche Akteure wie NGOs oder Privatunternehmen auslagern? Müsste man bei strenger Auslegung der Kriterien für einen ‚Staat' nicht einige moderne Staaten von der Liste streichen? Oder ist es vielmehr Zeit für eine weniger restrik-tive Definition von ‚Staatlichkeit' und in der Folge notwendig, die Reiche des Mit-telalters in diesem Zusammenhang einer Neubewertung zu unterziehen?[1]

Die vorliegende Arbeit soll einen Teilaspekt dieser Fragestellung näher untersu-chen: Inwieweit waren (und sind) religiöse Institutionen ‚Ko-Produzenten von Staatlichkeit'? Im europäischen Mittelalter sind hier natürlich die katholische Kir-che und ihre Institutionen zu behandeln, denn:

> „Mittelalterlichen Räumen begrenzter Staatlichkeit stellten Christentum und Kirche die wichtigste und zugleich vielseitigste Legitimitätsressource zur Verfügung, deren besondere Leistungsfähigkeit darin bestand, die Anerkennung gesellschaftlicher, po-litischer und rechtlicher Normen durch den Einzelnen mit dessen persönlichen reli-giösen Erwartungen zu verknüpfen, die auf Errettung von der Sünde und Erlangung des ewigen Heils zielten."[2]

Wie sieht es aber in zeitgenössischen „Räumen begrenzter Staatlichkeit" aus? Im Anschluss an die Untersuchung der mittelalterlichen Verhältnisse soll beispielhaft

---

[1] Vgl. Steffen PATZOLD, Human Security, fragile Staatlichkeit und Governance im Frühmittelal-ter. Zur Fragwürdigkeit der Scheidung von Vormoderne und Moderne, in: Geschichte und Ge-sellschaft 38/3 (2012), 406–422, hier 413–417.

[2] Stefan ESDERS, Governanceforschung und historische Mediävistik: Neue Perspektiven auf die Genese mittelalterlicher Regierungsweise und Staatlichkeit, in: Stefan Esders / Gunnar Folke Schuppert, Hg., Mittelalterliches Regieren in der Moderne oder Modernes Regieren im Mittel-alter?, Baden-Baden 2015, 147–261, hier 204.

Pakistan als ein vom Islam geprägter Staat der Gegenwart als Vergleich herangezogen werden. Wo finden sich Parallelen, wo Unterschiede zwischen dem modernen Staat und den Staatsformen des Mittelalters? Selbstverständlich soll es dabei nicht um die Diffamierung islamischer Staaten als ‚mittelalterlich' gehen, sondern vielmehr darum, möglicherweise ganz moderne Aspekte der Staatlichkeit im Mittelalter zu entdecken. Vielleicht könnte das Mittelalter ja in Teilbereichen sogar ein Vorbild abgeben für neuzeitliche Staatskonzepte jenseits des klassischen Nationalstaates.

In diesem Sinne wird im ersten Teil der Arbeit eine kurze Darstellung der terminologischen Probleme rund um den Staatsbegriff gegeben, und im zweiten Teil eine Untersuchung der Rolle der Kirche im Mittelalter bei ausgewählten ‚Governance-Funktionen' unternommen. Der dritte Abschnitt widmet sich denselben Funktionen im modernen Pakistan und die Rolle, die der Islam dabei einnimmt. Die zu ziehenden Schlussfolgerungen bilden den Abschluss der Arbeit.

2 Staat, Staatlichkeit und Governance – eine kurze Begriffsklärung

Das Mittelalter hat in der öffentlichen Wahrnehmung im Allgemeinen keinen guten Ruf, das Adjektiv ‚mittelalterlich' hat eindeutig pejorativen Charakter. Stefan ESDERS bringt das auf den Punkt: „Zumeist fungiert ‚das Mittelalter' – seit es als Antiepoche geschaffen wurde – ja doch eher als ‚Gegenmoderne', in der alles für modern Gehaltene noch nicht vorhanden oder umgekehrt all das beherrschend gewesen sein muss, was man in der Moderne überwunden zu haben glaubt."[3] Mitschuld an diesem Negativbild trägt auch die Vorstellung, der moderne, neuzeitliche Nationalstaat sei End- und Höhepunkt einer Entwicklung, in der die Zeit vom 6. bis zum 15. Jahrhundert einen Rückschritt hinter eine bereits im römischen Reich vorhandene Staatlichkeit darstellte.

Um 1900 gaben Max WEBER und Georg JELLINEK die klassische Definition für den ‚modernen Staat', der drei Kriterien zu erfüllen hatte: das Monopol auf legitime Gewalt, ein klar begrenztes Staatsgebiet und ein Staatsvolk. Nach dieser Definition waren die mittelalterlichen Reiche offensichtlich keine Staaten.[4] Jahrzehntelang prägend für die deutsche Mediävistik waren dann 1939 Otto BRUNNERs Fokussierung auf den Begriff ‚Herrschaft' (bei weitgehender Vernachlässigung der bei WEBER noch so wichtigen Frage nach der ‚Legitimität' dieser Herrschaft) und Theodor MAYERs These vom ‚Personenverbandsstaat', in dem die persönlichen Abhängigkeiten zwischen den Mächtigen wichtiger waren als transpersonale Institutionen. Diese ‚Neue Verfassungsgeschichte' der 30er und 40er Jahre grenzte sich klar von der rechtshistorischen Forschung und den Begriffen der modernen Sozialwissenschaften ab, da für die Zeit der Vormoderne solche Termini fehlleitend wären. Diese Wahrnehmung blieb auch nach dem Zweiten Weltkrieg in der deutschen Mittelalterforschung prägend. Dadurch koppelte man sich von aktuellen Diskussionen ab, da sie ohne Relevanz fürs Mittelalter seien. Erst in den 80ern gab es erste Versuche, diesen eingeschränkten Ansatz zu überwinden, etwa durch Hanna VOLLRATH, die die Anwendung der Erkenntnisse der Ethnologie auf mittelalterliche Gesellschaften forderte. Ein bedeutsamer Vertreter ist Gerd ALTHOFF, der den ethnologischen Begriff des ‚Rituals' in den Mittelpunkt seiner Untersuchungen stellte. Hagen

---

[3]   Ebd., 147.

[4]   Vgl. PATZOLD, Human Security, 413. Detaillierte Literaturangaben finden sich ebd., Fußnote 29.

KELLER verwendete 1989 dann als erster den offeneren und variableren Begriff ‚Staatlichkeit' zur Abgrenzung vom modernen Staatsbegriff.[5] In der neueren politikwissenschaftlichen Forschung wird Staatlichkeit definiert „als ein Ensemble von Funktionen, die der moderne Territorialstaat des 20. Jahrhunderts typischerweise gebündelt bereitgestellt hat, die sich aber auch unabhängig von ihrer territorialen Bündelung denken lassen."[6]

Diese neue Offenheit für moderne Begriffe und die Integration anderer Forschungsbereiche ermöglicht neue Perspektiven auf das Mittelalter. Denn auch in den Politikwissenschaften ist mit einer Definition aus dem 19. Jahrhundert heute ‚kein Staat mehr zu machen'. Zur Differenzierung diskutiert man dort ‚prekäre', ‚schwache', ‚zerfallende' Staaten oder sogar *failed states* – die aber nichtsdestotrotz Mitglieder in der UNO sind, obwohl dort nur völkerrechtlich anerkannte Staaten Aufnahme finden. Umgekehrt spielen überstaatliche Organisationen und NGOs eine immer größere Rolle in den internationalen Beziehungen – auch sie lassen sich vom klassischen Staatsbegriff nicht fassen.[7]

Ein neuerer Ansatz ist daher die Anwendung des „Governance-Paradigmas" aus den Staats- und Politikwissenschaften.[8] „Governance soll heißen: Die Gesamtheit der kollektiven Regelungen, die auf eine bestimmte Problemlage oder einen bestimmten gesellschaftlichen Sachverhalt zielen und mit Verweis auf das Kollektivinteresse der betroffenen Gruppe gerechtfertigt werden."[9] Eine andere, nach

---

[5] Vgl. ESDERS, Governanceforschung, 150–159. Details und viele Literaturangaben zu den verschiedenen Positionen finden sich bei Walter POHL, Staat und Herrschaft im Frühmittelalter: Überlegungen zum Forschungsstand, in: Stuart Airlie u. a., Hg., Staat im frühen Mittelalter, Wien 2006, 9–38. Wie kontrovers die Begrifflichkeiten gerade in der deutschen Forschung immer noch diskutiert werden, in der west- und südeuropäischen Forschungstradition aber weitgehend zwanglos verwendet werden, beschreiben Hans-Werner GOETZ, Versuch einer resümierenden Bilanz, in: Walter Pohl / Veronika Wieser, Hg., Der frühmittelalterliche Staat – europäische Perspektiven, Wien 2009, 523–531, hier 523–526 und Rudolf SCHIEFFER, Die internationale Forschung zur Staatlichkeit in der Karolingerzeit, in: Walter Pohl / Veronika Wieser, Hg., Der frühmittelalterliche Staat – europäische Perspektiven, Wien 2009, 43–49.

[6] Nicole DEITELHOFF / Jens STEFFEK, Was bleibt vom Staat? Demokratie, Recht und Verfassung im globalen Zeitalter, Frankfurt am Main 2009, 8 f.

[7] Vgl. Steffen PATZOLD, Bischöfe als Träger der politischen Ordnung des Frankenreichs im 8./9. Jahrhundert, in: Walter Pohl / Veronika Wieser, Hg., Der frühmittelalterliche Staat – europäische Perspektiven, Wien 2009, 255–268, hier 257 f.

[8] ESDERS, Governanceforschung, 162.

[9] Michael ZÜRN, Governance in einer sich wandelnden Welt. Eine Zwischenbilanz, in: Gunnar Folke Schuppert / Michael Zürn, Hg., Governance in einer sich wandelnden Welt, Wiesbaden 2008, 553–580, hier 554, zitiert nach PATZOLD, Human Security, Fußnote 40.

SCHUPPERT „fast Bibelrang erreicht habende"[10] Definition lautet: „Auf den National-staat bezogen meint Governance das Gesamt aller nebeneinander bestehenden Formen der kollektiven Regelung gesellschaftlicher Sachverhalte, von der instituti-onalisierten gesellschaftlichen Selbstregelung über verschiedene Formen des Zu-sammenwirkens staatlicher und privater Akteure bis hin zu hoheitlichem Handeln staatlicher Akteure."[11]

Unter dem klassischen Staatsbegriff wird man das frühe Mittelalter nur als Ver-schwinden, Nachlassen, ja eine Degeneration antiker Staatlichkeit sehen. Aus der Governance-Perspektive kann man aber auch von einem Umbau, einer Anpassung, einer bewussten Adaptierung bestehender Institutionen an ein geändertes Umfeld mit sich wandelnden Bedingungen durch die Herrschenden sprechen, was es in ei-nem anderen Licht erscheinen lässt.[12] Bewusst wird sich diese Arbeit nicht auf eine Definition festlegen – v. a. wo doch die Begriffe in der aktuellen Diskussion noch im Fluss sind –, sondern die verschiedenen Definitionen als Anregung verstehen, den Blickwinkel aufs Mittelalter und die Rolle des ‚staatlichen Akteurs Kirche' darin auszuweiten. ESDERS fasst diesen Ansatz schön zusammen:

> „‚Regieren' zu untersuchen, bedeutet innerhalb des Governance-Paradigmas hinge-
> gen, danach zu fragen, was eine bestimmte politische Organisationsform leistet, wie
> sie sich legitimiert, welche Funktionen sie gegenüber der Bevölkerung erfüllt, welche
> Kollektivgüter sie bereitstellt, welche Formen der Handlungskoordination sie dafür
> etabliert [... und ...] deren Leistungs- und Problemlösungsfähigkeit kritisch zu würdi-
> gen."[13]

In diesem Sinne soll im folgenden Abschnitt untersucht werden, was die ‚politische Organisationsform' Kirche im Mittelalter zu leisten imstande war. Dargestellt wer-den soll ihre Teilhabe an den ‚staatlichen Funktionen' der Regierung, der Verwal-tung, der Rechtsprechung, des Bildungs- und des Sozialwesens. Denn unter diesem Blickwinkel wird man möglicherweise zu einer ganz anderen Einschätzung des Mittelalters gelangen:

---

[10] Gunnar Folke SCHUPPERT, Was ist und wozu Governance?, in: Die Verwaltung 40/4 (2007), 465–512, hier 468.

[11] Renate MAYNTZ, Governance im modernen Staat, in: Arthur Benz, Hg., Governance - Regieren in komplexen Regelsystemen. Eine Einführung, Wiesbaden 2004, 65–76, hier 65.

[12] Vgl. ESDERS, Governanceforschung, 207 f.

[13] Ebd., 155.

„Es ist jedoch unstrittig und unbestreitbar, daß es das ganze Mittelalter hindurch zwar nicht den ‚Staat‘ im modernen Sinn, wohl aber eine politische Organisation der Gesellschaft gegeben hat, die für Rechtsdurchsetzung und politische Willensbildung zuständig war, die das soziale Leben der Menschen regulierte, die den Rechtsfrieden durch Übereinkunft oder Zwang hergestellt hat. Daß solche Regulation in unterschiedlicher Intensität, mit wechselnden Erfolgschancen, ja auch durch sehr verschiedene Träger, zum Teil in Konkurrenz untereinander, vonstatten ging, ändert nichts daran, daß auch im Mittelalter von einem funktionellen Äquivalent des modernen Staates gesprochen werden kann und muß."[14]

---

[14] Jürgen MIETHKE / Arnold BÜHLER, Kaiser und Papst im Konflikt. Zum Verhältnis von Staat und Kirche im späten Mittelalter, Düsseldorf 1988, 16.

3 Die katholische Kirche im Mittelalter als Ko-Produzent von Staatlichkeit

Will man die Bedeutung einer Religionsgemeinschaft für einen modernen Staat untersuchen, bietet sich die Betrachtung als eigenständiges, kooperierendes ‚Governancekollektiv' an:

> „Territorialstaatliche Governancekollektive und religiöse Governancekollektive [...] sind Kollektive, die auf unterschiedlichen Legitimationsquellen beruhen, ein unterschiedliches Selbstverständnis haben, über ein eigenständiges Personal verfügen und eine spezifische Institutionenkultur entwickelt haben. Es erscheint daher als ein naheliegender Gedanke, dass sie als autonome Governancekollektive ihre Beziehungen zueinander ‚auf Augenhöhe' konsensual im Vereinbarungswege gestalten."[15]

Betrachtet man aber die Kirche im Mittelalter, sehen wir, dass diese moderne Beschreibung des Verhältnisses zwischen Kirche und Staat keinesfalls zutrifft, sondern ein Produkt des jahrhundertelangen neuzeitlichen Säkularisationsprozesses in Europa ist. Nicht einmal das Wort ‚Kirche' ist im Mittelalter ein klar definierter Begriff:

> „Bei allen ‚Resten' eines anstaltlichen Verständnisses, die ihr noch aus der Antike überkommen waren und ihr auch im Frühmittelalter noch zur Verfügung standen (sie sollten sich später als wirkungsvolle Ansätze zu weiterer Entfaltung erweisen), hatte der Begriff ‚Kirche' zunächst keinesfalls selbstverständlich jene allgemeine institutionelle Bedeutung, die wir ihm gerne unterstellen."[16]

Das Wort *ecclesia* konnte je nach Kontext das Kirchengebäude, das Stift oder Kloster, die Kleriker oder die Gemeinschaft der Kleriker und Laien, das ganze Bistum, aber eben auch die Gesamtheit aller Gläubigen meinen.[17] „Auch die katholische Kirche hat erst im Laufe der Zeit ihre Verfassung und ihr Selbstverständnis entwickelt, sie tritt weder ‚fertig' ins Mittelalter ein, noch verläßt sie es in einer endgültigen

---

[15] Gunnar Folke SCHUPPERT, Governance und Religion. Annäherung an ein komplexes Verhältnis, in: Uwe Hunger / Nils Johann Schröder, Hg., Staat und Islam: Interdisziplinäre Perspektiven, Wiesbaden 2016, 43–70, hier 46.

[16] MIETHKE / BÜHLER, Kaiser und Papst, 17.

[17] Vgl. ebd. Für eine Untersuchung des frühmittelalterlichen Selbstverständnisses der Kirche im Frankenreich vgl. Maike DE JONG, Ecclesia and the early medieval polity, in: Stuart Airlie u. a., Hg., Staat im frühen Mittelalter, Wien 2006, 113–132.

Gestalt, wenn sie auch bedeutsame Selbstfestlegungen in jener Zeit getroffen hat, die bis heute nachwirken."[18]

Im Folgenden soll gezeigt werden, dass man ‚die Kirche' im Mittelalter nicht einmal immer klar vom ‚Staat' unterscheiden kann – weder hatten sie unterschiedliche Legitimationsquellen oder verfügten über eigenständiges ‚Personal' noch waren ihre ‚Institutionen' klar voneinander getrennt. Aufgrund der Weite des geographischen und zeitlichen Rahmens wird es dabei notwendig sein, sich weitgehend auf das Herrschaftsgebiet der Karolinger und des späteren Heiligen Römischen Reiches zu konzentrieren. Da ein tieferes Eindringen in die Details der jeweiligen Untersuchungsgegenstände ohnehin den Rahmen dieser Arbeit sprengen würde, sollten die Ergebnisse aber ohne größere Anpassungen auf andere mittelalterliche Reiche übertragbar sein.[19]

3.1 Mitwirkung der Kirche an der Regierung

Dass die katholische Kirche während des gesamten Mittelalters eine bedeutende Rolle bei der Regierung christlicher Herrschaftsgebiete, besonders aber des Heiligen Römischen Reiches, gespielt hat, ist offensichtlich. Der Konflikt zwischen Kaiser und Papst um die Bischofseinsetzung (‚Investiturstreit'), das bis ins 13. Jahrhundert paritätisch mit geistlichen und weltlichen Herrschern besetzte Kurfürstenkollegium, die Kaiserkrönung durch den Papst oder später den Erzbischof von Köln, mächtige und reiche Abteien als Verwalter und Beherrscher weiter Landstriche sprechen für sich. Hier soll aber nicht nur von der direkten Machtausübung der Kleriker die Rede sein, auch die indirekte Mitwirkung der Kirche durch ‚Legitimation von Herrschaft' soll zur Sprache kommen.

Schon in der Antike begann die Mission der nicht-christlichen Gebiete auch am Boden des späteren Heiligen Römischen Reiches. (Für Mainz und Köln lassen sich etwa schon Ende des 2. Jahrhunderts erste christliche Gemeinden verorten.) Im Frühmittelalter bildete das Bistum als Kirchenprovinz die zentrale Organisations-

---

[18] MIETHKE / BÜHLER, Kaiser und Papst, 18.

[19] Für einen weiteren Blick auf die frühmittelalterlichen Reiche Europas und ihre Staatlichkeit siehe die zahlreichen Beiträge in Walter POHL / Veronika WIESER, Hg., Der frühmittelalterliche Staat – europäische Perspektiven, Wien 2009. Die zeitlichen und räumlichen Entwicklungsströme vom Reich Karls des Großen hin zum Heiligen Römischen Reich finden sich detailliert beschrieben bei Joachim EHLERS, Hg., Deutschland und der Westen Europas im Mittelalter, Stuttgart 2002.

form der katholischen Kirche.[20] Doch nicht nur in kirchlichen Belangen waren die Bischöfe ein zentraler Machtfaktor. Wenn in den Urkunden der Karolinger die Mächtigen des Reiches angesprochen wurden, war häufig die Rede von den ‚Bischöfen, Äbten und Grafen', eher selten aber von den *nobiles*. Kirchensynoden wurden vom König einberufen und beschäftigten sich keineswegs nur mit kirchlichen Belangen.[21] Die bischöflichen Aufgaben waren den Zeitgenossen klar:

> „‚Regere' und – seltener – ‚gubernare' sind die Wörter, die in den Kanones der fränkischen Synoden, in Bischofskapitularien, Briefen und anderen Texten dieser Jahrzehnte wieder und wieder gebraucht wurden, um die Tätigkeit von Bischöfen zu beschreiben. Diese Allgegenwart ist nicht zuletzt deshalb bemerkenswert, weil dieselben Wörter auch für den Herrscher und dessen weltliche Amtsträger Verwendung fanden."[22]

Der Bischof stand über seiner Gemeinde – Kleriker und Laien waren ihm *subiecti* oder *subditi* und schuldeten ihm *oboedientia*.[23] In den sonntäglichen Predigten konnten die Pfarrer ihrer Gemeinde die Wünsche des Bischofs vermitteln – umgekehrt meldeten sie Verstöße ‚nach oben' und wurden selbst jährlich visitiert. Die kirchliche Hierarchie stellte dem Reich also eine hilfreiche Organisationsstruktur zur Verfügung, über die am Hof getroffene Entscheidungen von zahlreichen ‚Multiplikatoren' bekannt gemacht und kontrolliert wurde.[24]

Die Methode der Mission änderte sich im Mittelalter. Anders als noch in der Antike war sie nicht mehr am Individuum orientiert, sondern setzte zunehmend bei den Herrschern an, um ausgehend von deren Konversion ‚nach unten' aufs Kollektiv zu

---

20 Vgl. Michael BORGOLTE, Die mittelalterliche Kirche, 2. Auflage, München 2004, 3 f.

21 Vgl. Steffen PATZOLD, Die Bischöfe im karolingischen Staat. Praktisches Wissen über die politische Ordnung im Frankenreich des 9. Jahrhunderts, in: Stuart Airlie u. a., Hg., Staat im frühen Mittelalter, Wien 2006, 133–162, hier 141 f.; PATZOLD, Bischöfe (2009), 259–261; DE JONG, Ecclesia, 124–129. Dabei darf natürlich nicht übersehen werden, dass gerade auch die Spitzenpositionen in der Kirchenhierarchie vielfach von Adeligen besetzt wurden – das gesamte Mittelalter blieb eine Kirchenkarriere eine wichtige Option für nachgeborene Adelssöhne, vgl. Gerd ALTHOFF / Hermann KAMP, Die Bösen schrecken, die Guten belohnen. Bedingungen, Praxis und Legitimation mittelalterlicher Herrschaft., in: Gerd Althoff u. a., Hg., Menschen im Schatten der Kathedrale: Neuigkeiten aus dem Mittelalter, Darmstadt 1998, 1–110, hier 89–98.

22 PATZOLD, Bischöfe (2006), 144 f.

23 Vgl. ebd., 151.

24 Vgl. ebd., 159 f. und ders., Bischöfe (2009). Patzold schreibt prägnant: *„Modern formuliert: Der sonntägliche Kirchgang diente der politischen Bildung und Kontrolle der populi christiani."*, siehe PATZOLD, Bischöfe (2006), 160.

wirken. Lehre und Verkündigung traten immer mehr hinter christlich geprägte Feste und Bräuche zurück – die Getauften sollten im Mitfeiern der Eucharistie, durch Beten, Heiligenverehrung und Buße über Jahrzehnte und Generationen zum Christentum finden.[25] Zunehmend spielte auch Gewalt bei der Missionierung eine Rolle: Es kam zu Zwangstaufen, ja die Frankenherrscher führten regelrechte ,Missionskriege'. Bis ins 11. Jahrhundert entstanden durch gewaltsame Mission neue Kirchenprovinzen im Osten (,Slawenmission'). Vermehrt kam es dabei zur Gründung neuer Bistümer durch Landesfürsten ohne Beteiligung des Königs bzw. Kaisers. Die Kreuzzugsidee überlagerte schließlich im 12. Jahrhundert immer mehr den Missionsgedanken: ,Vernichtung oder Bekehrung' lautete nun die Alternative.[26]

Wenig verwunderlich übernahmen die Bischöfe und Äbte in diesen neuen Reichsgebieten, wo es noch keine starke ,weltliche Gewalt' gab, auch die Landesherrschaft – wenn auch in Lehnsabhängigkeit vom Kaiser. Es entstanden die geistlichen Fürstentümer, die v. a. die Struktur des Heiligen Römischen Reiches prägen sollten. (So lag das Verhältnis von geistlichen zu weltlichen Fürstentümern dort zur Stauferzeit bei 99 zu 22 und im Spätmittelalter immer noch bei rund 95 zu 30 bis 40.[27] Drei der Kurfürsten waren Erzbischöfe. Der Deutsche Orden wurde in den Gebieten der zwangsmissionierten Prussen sogar selbständiger Landesherr. Sogar innerhalb des Reiches wurden neue Bistümer zur Festigung der Landesherrschaft gegründet.[28]

Neben der ,staatlichen Funktion', die die Kirche des Mittelalters bei der direkten Beherrschung von Territorien übernahm, kam ihr aber auch eine umfassende Bedeutung bei der Legitimierung der weltlichen Herrschaft zu: „Die moderne Trennung von Kirche und Welt war dem Mittelalter fremd. Kaiser und Könige, Fürsten und städtische Obrigkeiten beanspruchten und erhielten daher auch Anteil an der Leitung der Kirche. Andererseits wurde jede Art politischer Regierung religiös legitimiert."[29]

Im Frühmittelalter nahm der König eine besondere Position zwischen Priesterschaft und Volk als *mediator cleri et plebis* ein. Die Regierung des Monarchen hatte

---

[25] Vgl. BORGOLTE, Mittelalterliche Kirche, 4–6.
[26] Vgl. ebd., 9–16.
[27] Vgl. ebd., 25 und 29.
[28] Ebd., 16 f.
[29] Ebd., 18.

wie die Kirche einen religiösen Endzweck und sakralen Charakter, der durch die ‚Liturgie' bei fast allen Herrschaftsakten wie der Königswahl, der -salbung und der -krönung, beim Feiern hoher Feste oder bei der Beurkundung ‚im Namen Gottes' unterstrichen wurde. Die Kaiserkrönung durch den Papst sorgte für eine zusätzliche Prestigeerhöhung.[30] Die Stärke der Herrschenden und des Reiches beruhte jedoch ausschließlich auf Gottes Wohlwollen. Katastrophen, Kriege und Unruhen wurden auf Gottes Zorn zurückgeführt, und nur eine Rückkehr zu einer gottgefälligen Lebensweise konnte die Ordnung wiederherstellen. „Nicht Ordnung an sich war das Ziel, sondern eine Ordnung, die Gottes Gnade fand – und überhaupt erst dadurch Bestand und Erfolg haben konnte."[31]

Für die Herrschaftslegitimation gerade auch in eroberten Gebieten anderer Stämme war die Religion mitentscheidend. Eroberte Völker wurden nicht ins Frankenreich (*regnum Francorum*) eingegliedert, sondern vielmehr aufgenommen in die *sancta ecclesia* und ins *populus christianus*:[32]

> „Tatsächlich ist der Zusammenhang der frühmittelalterlichen Regna ohne die Ecclesia gar nicht denkbar, was sich schon daran ablesen läßt, daß es kein Beispiel für dauerhafte politische Integration ohne kirchliche Ordnung im mittelalterlichen Europa gibt; Sachsen, Dänen oder Polen, letztlich auch Ungarn oder Bulgaren gelang der Aufbau stabiler zentralisierter Herrschaft erst nach der Christianisierung."[33]

Aber nicht nur die ‚Funktionäre' der Kirche übernahmen Führungsaufgaben im Reich, umgekehrt beanspruchte der König im Heiligen Römischen Reich eine Führungsrolle in der Kirche des Mittelalters (‚ottonisch-salische Reichskirche'), so etwa ein Mitspracherecht bei der Bischofswahl (deren Kandidaten oft aus der Hofkapelle kamen). Den Bistümern wurden Reichsgüter übertragen, dafür hatten die Bischöfe die Gastungspflicht und rechtlich-politische Aufgaben wie die Teilnahme an Heerfahrten zu übernehmen.[34]

---

[30] Vgl. ebd., 18 f.

[31] PATZOLD, Bischöfe (2009), 262.

[32] Vgl. Maike DE JONG, The state of the church: ecclesia and early medieval state formation, in: Walter Pohl / Veronika Wieser, Hg., Der frühmittelalterliche Staat – europäische Perspektiven, Wien 2009, 241–254, hier 248–251.

[33] POHL, Staat und Herrschaft, 14.

[34] Vgl. BORGOLTE, Mittelalterliche Kirche, 19 f. Der Begriff der ‚Reichskirche' ist nicht ganz unproblematisch und in den letzten Jahrzehnten vermehrt in die Kritik geraten. Einen guten Überblick bietet hier John ELDEVIK, Bishops in the Medieval Empire: New Perspectives on the

Ab Mitte des 11. Jahrhunderts kam es zunehmend zu Kritik an der königlichen Kirchenleitung. Besonders der Vorwurf der Simonie, der Priesterehe und der Anmaßung der Sakramentenspendung durch Laien wurde häufig – der Konflikt gipfelt letztendlich im Investiturstreit: Gregor VII. setzte sich als Papst an die Spitze der kirchlichen Hierarchie, bannte König Heinrich IV. und entband seine Untertanen vom Treueeid. Erst unter Heinrichs Nachfolger kam es zu einer Kompromisslösung des Investiturproblems im Wormser Konkordat: Man unterschied hinkünftig zwischen den ‚Spiritualien‘, also dem geistlichen Amt eines Bischofs, das der Papst übertrug, und den ‚Temporalien‘, dem weltlichen Amt, das der König gegen Treueeidleistung verlieh. Die Prälaten traten dadurch in ein Lehnsverhältnis zum Herrscher; es kommt zur ‚Feudalisierung der Reichskirche‘.[35]

Trotz dieser Konflikte blieb auch im Spätmittelalter der sakrale Charakter des Königtums erhalten. Seit Kaiser Barbarossa wird als Reichstitel *sacrum imperium* im Wechsel mit *romanum imperium* verwendet. Bis zum Ende des Mittelalters entwickelte sich das zur Formel vom ‚Heiligen Römischen Reich deutscher Nation‘, die 1512 erstmals offiziell verwendet wurde, weiter.[36]

Die geistliche und weltliche Ausgestaltung der Herrschaft im Mittelalter band die Untertanen gleich doppelt an das jeweilige vorstaatliche Gebilde: Durch Taufe und Treueeid verpflichtete man sich sowohl zur Glaubenstreue (*fides*) als auch zur Treue gegenüber dem Herrscher (*fidelitas*) – verknappt wurden daraus die *fideles Dei et regis*, also ‚Getreue Gottes und des Königs‘, wodurch beides miteinander verknüpft wurde. Nicht Gehorsam oder Untertänigkeit, sondern vielmehr die persönliche religiöse Verpflichtung wurde damit zu einem entscheidenden Faktor.[37]

Die Dualität des mittelalterlichen Herrschaftsverständnisses wird klar ausgedrückt durch die sogenannte ‚Zwei-Schwerter-Lehre‘, die auch der ‚Sachsenspiegel‘ nennt:

Church, State and Episcopal Office, in: History Compass 9/10 (2011), 776–790. Allerdings läuft diese Kritik vielfach darauf hinaus, die besondere Stellung der Bischöfe speziell im Heiligen Römischen Reich zu relativieren und auf weite Bereiche Europas auszuweiten – REUTER spricht sogar von einem ‚Europa der Bischöfe‘, vgl. Timothy REUTER, Ein Europa der Bischöfe: Das Zeitalter Burchards von Worms, in: Wilfried Hartmann, Hg., Bischof Burchard von Worms: 1000 – 1025, Mainz 2000, 1–28.

[35] Vgl. BORGOLTE, Mittelalterliche Kirche, 21–25.

[36] Vgl. ebd., 26.

[37] Vgl. ESDERS, Governanceforschung, 204 f.

„Gott hinterließ auf Erden zwei Schwerter, die Christenheit zu beschützen: dem Papst ist das geistliche bestimmt, dem Kaiser das weltliche. [...] Alles, was dem Papst Widerstand leistet und was er mit geistlichem Recht nicht zwingen kann, das soll der Kaiser mit weltlichem Recht zwingen, dem Papst gehorsam zu sein. Auf gleiche Weise soll die geistliche Gewalt dem weltlichen Gericht helfen, wenn es dies nötig hat."[38]

Nicht immer klar war aber, welches ‚Schwert' im Zweifelsfall die Oberhand behalten sollte, wie sich schon im Investiturstreit gezeigt hatte. Der päpstliche Machtanspruch geriet im 13. Jahrhundert immer mehr unter weltlichen Druck, vor allem durch Frankreich. Ein immer stärkerer französischer Einfluss im Kardinalskollegium führte Anfang des 14. Jahrhunderts zur Wahl eines Franzosen und der Verlegung des Papstsitzes nach Avignon. Der Versuch, das Papsttum nach Rom zurückzubringen, führte bei der Papstwahl 1378 in Rom unter dem Druck der Straße zum Konflikt zwischen italienischen und französischen Kardinälen, was im ‚Großen Abendländischen Schisma' endete: Bis 1417 regierten teilweise sogar drei Päpste gleichzeitig, die sich wechselweise exkommunizierten. Erst durch mehrere Kirchenkonzilien konnte die Einheit der abendländischen Christenheit wiederhergestellt werden. Obwohl die Kirchenspaltung auf das Alltagsleben der einfachen Christen wenig Auswirkungen hatte, waren die Folgen dennoch beträchtlich: Die Konzilien betonten ihre Oberhoheit sogar über den Papst, die Teilnehmer und damit die Kirche wurden in vier Interessenssphären, genannt nationes, eingeteilt, die Landesfürsten nutzen die Spaltung zum Auf- und Ausbau eines landesherrlichen Kirchenregiments.[39] Die beiden Abschlussdekrete des Basler Konzils gelten als bedeutende Meilensteine in der Entwicklung des Verfassungsdenkens und des Parlamentarismus der Moderne.[40]

---

[38] Zitiert nach Stephan MEDER, Rechtsgeschichte. Eine Einführung, 6. Auflage, Stuttgart / Köln 2017, 152.

[39] Vgl. Heribert MÜLLER, Die kirchliche Krise des Spätmittelalters. Schisma, Konziliarismus und Konzilien, München 2012, 5–29. Bezeichnend (und gar nicht mehr dem mittelalterlichen Universalkirchengedanken verpflichtet) ist die Aussage Rudolfs IV. von Österreich: „Egomet volo esse papa, archiepiscopus, episcopus, archidyaconus, decanus in mea terra.", siehe Georg Heinrich PERTZ, Hg., Monumenta Germaniae Historica inde ab anno Christi quingentesimo usque ad annum millesimum et quingentesimum. Scriptores 9, Stuttgart 1851, 832.

[40] Vgl. MÜLLER, Krise, 27.

3.2 Mitwirkung der Kirche an der Verwaltung

Jede staatliche Organisation muss in der Lage sein, ihr ‚Herrschaftsgebiet' zu verwalten. Damit staatliche ‚Hoheitsakte' wirksam werden können, muss es Institutionen geben, die diese Anordnungen ‚nach unten' vermitteln – und im Mittelalter wurde diese Aufgabe in Ermangelung von Alternativen vielfach von Klerikern übernommen.

Beim Übergang von den antiken zu den frühmittelalterlichen Reichen ging die Schriftlichkeit immer mehr zurück, öffentlich organisierte Schulen wurden weniger, Bildung wurde zunehmend eine private Angelegenheit. Während es unter den Merowingerherrschern noch ausreichend schriftkundige Laien gab, um die Verwaltungsaufgaben bei Hof zu übernehmen, sah sich Pippin, der Vater Karls des Großen, genötigt, der Hofkapelle die Aufgabe der Beurkundung zuzuweisen.[41] In der Folge wird Schriftlichkeit weitgehend Monopol des Klerus. (Noch das englische Wort *clerk* für Sekretär geht auf das Lateinische *clericus* zurück.) Mit *idiota* bezeichnete man den schriftunkundigen Laien – wenn auch ohne abwertenden Konnotation –, während *clericus* sogar zum Beinamen schreibkundiger Laien werden konnte.[42]

Karl der Große verpflichtete alle Christen seines riesigen Reiches, den Kirchenzehnt an ihre Pfarre abzuliefern. Das bedingte die Zuteilung jedes Einzelnen zu einer bestimmten Pfarre – heute würde man es die Einteilung des Reiches in ‚Verwaltungsbezirke' zwecks Einhebung dieser ‚Kirchensteuer' nennen.[43]

Um weitere Verwaltungsaufgaben übernehmen zu können, entwickelte sich das System der Pfründen (von lat. *praebenda* für ‚staatlicher Unterhalt'). Damit bezeichnete man das mit einem Kirchenamt verbundene Recht, ein regelmäßiges Einkommen – meist abgeleitet aus einer gestifteten Vermögensmasse – zu beziehen. Bis ins Spätmittelalter dienten Pfründen zur Finanzierung der Erledigung öffentlicher Aufgaben: „Wie wichtig die Kollegiatkirchen im Gesellschaftsgefüge waren, zeigt sich daran, daß vom 14. Jahrhundert an die intellektuell-politische Elite weitgehend auf Stiftskirchenpfründen fundiert war (Hofräte, Kanzleibeamte, Rechts-

---

[41] Die Wortstämme einiger noch heute in der Verwaltung gebräuchlicher Begriffe gehen zurück auf diese Zeit. So stellten in der Hofkapelle, die unter der Aufsicht des *cancellarius* stand, die *notarii* Urkunden aus, vgl. Ulrich NONN, Mönche, Schreiber und Gelehrte. Bildung und Wissenschaft im Mittelalter, Darmstadt 2012, 15 f.

[42] Vgl. ebd., 7.

[43] Vgl. BORGOLTE, Mittelalterliche Kirche, 52 f.

experten, Diplomaten, Professoren).“[44] Erst nach und nach wurden die Pfründen durch direkte Lohnzahlungen abgelöst.

Die Bedeutung der klerikalen Verwaltung zur Schaffung eines modernen Staatswesens muss auch den Herrschern klar vor Augen gestanden haben:

> „Ein Ideal spätmittelalterlicher Fürsten war die Zentralisierung ihrer Herrschaft in einer Residenz mit Landesbischof und Landesuniversität und die Versorgung der für die moderne Verwaltung benötigten Beamten durch kirchliche Pfründen, vor allem an Stiftskirchen. Allerdings haben die Landesherren auch den Niederklerus zu kontrollieren gesucht, der mit den Gläubigen unmittelbar in Berührung stand.“[45]

Umgekehrt waren die Pfründen für den niederen Klerus eine notwendige Form der Existenzsicherung: „Wirtschaftliche Not zwang den Niederklerus zur Ausübung von Nebentätigkeiten. Dazu gehörten der Dienst als Schulmeister, Schreiber, Notar, Ratssekretär, Steuereintreiber usw. Viele der niederen Pfründen sind überhaupt nur geschaffen worden, um derartige ‚private‘ und ‚öffentliche‘ Aufgaben zu erfüllen.“[46]

3.3 Mitwirkung der Kirche am Rechtswesen

Für das Rechtsverständnis des mittelalterlichen Menschen spielte die Religion und somit die Kirche eine entscheidende Rolle. Im Frühmittelalter, nach dem Niedergang des römisch geprägten Rechtswesens, war diese Rolle eine indirekte, indem die Kirche Einfluss nahm auf das von Stammesrechten geprägte Rechtswesen und „elementare rechtliche Normen in einen religiösen Begründungskosmos rückte“[47]. Im Hoch- und Spätmittelalter gelang der Kirche dann eine Wiederbelebung römischer Rechtstraditionen und damit eine wesentlich direktere Einflussnahme auf die weitere Entwicklung gerade auch der weltlichen Gerichtsbarkeit.

Im Frühmittelalter ging die römisch geprägte Rechtskultur in vielen Teilen des ehemaligen Imperium Romanum zunehmend verloren. In weiten Bereichen des späteren Reichsgebietes überwogen durch germanisches Stammesrecht geprägte Rechtstraditionen. Als ‚Gericht‘ diente hier das Thing, die Versammlung der wehrkräftigen Männer unter wechselndem Vorsitz. Dieses wurde von den Streitparteien

---

[44]   Ebd., 50 f.
[45]   Ebd., 29 f.
[46]   Ebd., 57 f.
[47]   ESDERS, Governanceforschung, 168.

15

angerufen, oder es lud diese zur Teilnahme ein (und nicht etwa vor, denn die Teilnahme war freiwillig.) Ziel des Things war es, in einer Fehde zwischen den Streitparteien zu vermitteln. Das Thing konnte seine Entscheidungen nicht durchsetzen, ob die Streitparteien den Vorschlag zur Schlichtung (meist in der Form von Zahlung von ‚Wergeldern') annahmen, blieb ihnen überlassen.[48] Das frühmittelalterliche Rechtsverständnis fasst Stefan ESDERS gut zusammen:

> „Bei Rechtsgeschäften ruft der Handelnde die Gemeinschaft quasi zum Zeugen für sein Tun auf, aber es handelt sich dabei nicht nur um die Hinzuziehung von Zeugen; zugleich unterwerfen sich die Rechtspartner durch den korrekten Vollzug der Prozedur den Regeln der Gemeinschaft und damit der von dieser ausgeübten sozialen Kontrolle. [...] In Gesellschaften, die stark statusbezogen denken und in denen Ehre bzw. Scham als zentrale Wertvorstellungen das Handeln und Zusammenleben der Menschen bestimmen, dürfte der Disziplinierungs- und Absicherungseffekt solcher Formalhandlungen beträchtlich gewesen sein."[49]

Das frühmittelalterliche Rechtssystem war also eher ein durch Ehrbegriffe und Konsenssuche geprägtes ‚Gewohnheitsrecht' statt ein ‚Gesetzesrecht'.[50] Die Verhandlungen vor einem Thing ließen daher einige Grundsätze vermissen, die ein modernes Gerichtsverfahren prägen. So galt das Prinzip: ‚Wo kein Kläger, da kein Richter!'[51] War der Geschädigte ums Leben gekommen und hatte keine Verwandten, die für ihn Klage führten, oder war der Prozessgegner zu mächtig, um eine Klage zu riskieren, durfte man nicht auf eine ‚staatliche Instanz' hoffen, die das Klagsrisiko übernehmen würde. In der Verhandlung ging es weniger um Tatsachenaufklärung und Wahrheitsfindung, sondern vielmehr um verletzte Ehre, Rache oder Buße und Friedenswiederherstellung. Als legitime ‚Beweismittel' galten der Reinigungseid, Zweikämpfe und Gottesurteile. Die Versammlung der ‚Schöffen' und nicht der vorsitzende Richter (meist der Graf des Gebietes) sprach dann das Urteil – meist in Form einer Bußzahlung[52] – aus. Ob es angenommen wurde, blieb eine

---

[48] Vgl. Peter OESTMANN, Wege zur Rechtsgeschichte: Gerichtsbarkeit und Verfahren, Köln, Weimar, Wien 2015, 50–52.

[49] ESDERS, Governanceforschung, 180.

[50] OESTMANN, Wege, 54.

[51] Ebd., 74 f.

[52] Vielfach gab es dazu tradierte und detaillierte ‚Bußgeldkataloge', die die Akzeptanz einer Entscheidung erhöhen sollten, vgl. ebd., 54 f.

freiwillige Entscheidung der Streitparteien. (Allerdings galt ein späterer Bruch einer einmal getroffenen Vereinbarung als großes Unrecht.)[53]

Die Kirche nahm auf diese Form der Rechtsfindung indirekt Einfluss. Da sie ein Interesse an der Reduktion von Gewalt hatte und ein schlichtes Verbot von Rache und Fehde unmöglich erschien, unterstützte sie die Streitparteien oft bei den als Buße auferlegten Ausgleichszahlungen.[54] Außerdem erfolgten die ‚Reinigungseide‘ des Angeklagten immer unter Anrufung Gottes, verbunden mit einer bedingten Selbstverfluchung, sollte die Unwahrheit ausgesagt worden sein. ‚Eideshelfer‘ – je nach Schwere des Vergehens war eine unterschiedliche Anzahl gefordert – traten als Leumundszeugen (und nicht etwa als Tatsachenzeugen) an die Seite sowohl des Klägers als auch des Beklagten. Grundlegend war dabei das Vertrauen in Gott. So galten schon Versprecher bei der Eidesformel als ‚Gottesurteil‘. Andere Formen waren der Zweikampf oder der Griff auf glühendes Eisen oder in kochendes Wasser.[55]

Unter den Karolingern gab es erste Entwicklungsschritte hin zu einer obrigkeitlichen Gerichtsordnung: So kamen verstärkt königliche ‚Sendgrafen‘ (*missi*) als Gerichtsherrn zum Einsatz, die die königliche Gerichtsgewalt vor Ort statt des örtlichen Grafen ausüben sollten. Diese hatten das Recht zur *inquisitio*, also zur Suche nach dem wahren Sachverhalt über die Eidesleistung hinaus, und konnten dazu auch Zeugen, *iuratores*, vorladen.[56] Ziel der Kirche wurde statt der raschen Befriedung nach Fehdehandlungen zunehmend die Vermeidung des Ausbruchs von Gewalt. Die Mächtigen eines Gebietes schworen auf bestimmte Zeit der Gewalt ab und beeideten sogenannte ‚Gottesfrieden‘, die die erlaubte Fehde- und Rachehandlungen beschränkten.[57] Diese öffentlichen Einschränkungen privater Gewalt stellten erste, wenn auch kleine, Schritte hin zu einem ‚staatlichen Gewaltmonopol‘ dar.

---

[53] Vgl. ebd., 56.

[54] Vgl. ebd., 51.

[55] Dass es dabei zu Verletzungen kommen würde, war auch den mittelalterlichen Menschen klar. Gottes Urteil zeigte sich darin, wie gut der Proband Angst und Schmerzen widerstand und ob und wie gut die Verletzungen in einer festgesetzten Zeit wieder heilten, vgl. ebd., 72–76.

[56] Vgl. ebd., 60 f.

[57] Aus moderner Sicht sind viele dieser Vereinbarungen allerdings eher kurios, verboten sie doch Gewalt nur an bestimmten Wochentagen oder Orten. Manchmal wurden nur bestimmte Personengruppen durch solche Abmachungen geschützt, vgl. ebd., 63 f.

Klöster wurden manchmal in den Dienst der Strafjustiz gestellt, indem sie in Ermangelung öffentlicher Gefängnisse die ‚Klosterhaft' ermöglichten: Hochgestellte Verurteilte wurden geschoren und zu ‚lebenslanger Haft' und Buße in ein Kloster verfrachtet,[58] durchaus auch zum Unwillen der Mönche: „Niemand, sei er frei oder unfrei, soll mit Gewalt gezwungen werden, Mönch zu werden oder zum Kleriker geschoren zu werden, denn wenn solche Leute in ein Kloster aufgenommen werden, sind sie oft Urheber von Verbrechen und Lastern."[59] Doch der ‚kleine Mann' kam nicht in den ‚Genuss' solcher Haftstrafen – Strafen an Leib und Leben waren der Normalfall, und aus heutiger Sicht kleine Vergehen wurden mit dem Abschneiden der Nase, eines Ohres oder einer Hand geahndet. Im Mittelalter trug man „also seinen Strafregisterauszug am Körper".[60] Auch im Strafwesen leistete die Religion ihren Beitrag:

> „Seit dem 8. Jahrhundert wurden immer mehr Delikte, die an den Grundfesten von Sicherheit und Ordnung rüttelten und bis dahin nicht unbedingt als religiöse Vergehen anzusprechen waren (z. B. Brandstiftung, Räuberei, Münzfälschung, Landesverrat), nicht mehr nur von den weltlichen Funktionsträgern mit Geld und körperlichen Strafen sanktioniert, sondern zusätzlich auch kirchlicherseits mit Exkommunikation und Buße."[61]

Neben den geschilderten indirekten Einflussnahmen der Kirche auf das mittelalterliche Rechtswesen war ihr größter Einfluss ein direkter – das Kirchenrecht und hier besonders die Entwicklung der ‚Inquisitionsprozess-Ordnung' sollten nämlich die weitere Rechtsgeschichte fundamental prägen. Die Kirche wurde so zu einem „Motor der Rechtsmodernisierung".[62]

---

[58] Hans-Werner GOETZ, Weltliches Leben in frommer Gesinnung? Lebensformen und Vorstellungswelten im frühen und hohen Mittelalter, in: Gerd Althoff u. a., Hg., Menschen im Schatten der Kathedrale: Neuigkeiten aus dem Mittelalter, Darmstadt 1998, 111–228, hier 157 f.

[59] Josef SEMMLER, Hg., Supplex libellus monachorum Fuldensium Carolo imperatori porrectus, in: Corpus consuetudinum monasticarum, Bd. 1, Siegburg 1963, 319-327, hier 324, zitiert nach ebd., 158.

[60] Ernst SCHUBERT, Spätmittelalter – die Rahmenbedingungen des Lebens kleiner Leute, in: Gerd Althoff u. a., Hg., Menschen im Schatten der Kathedrale: Neuigkeiten aus dem Mittelalter, Darmstadt 1998, 229–350, hier 320.

[61] Stefan ESDERS, Rechtssicherheit und Ordnung als gemeinschaftliche Aufgabe weltlicher und kirchlicher Institutionen (8.-11. Jh). Teilprojekt B 13 des DFG-Sonderforschungsbereichs 700 „Governance in Räumen begrenzter Staatlichkeit: Neue Formen des Regierens?", Finanzierungsantrag 2014-2017, Berlin, zitiert nach SCHUPPERT, Governance und Religion, 53.

[62] Vgl. OESTMANN, Wege, 116.

Während in weltlichen Dingen mit dem Untergang des weströmischen Reiches die Rechtsprechung wieder auf das Niveau mündlich überlieferter Stammesrechte zurückfiel, wurde das römische Recht von der Kirche tradiert (*Ecclesia vivit lege Romana*)[63] und weiterentwickelt. So wurden viele moderne Rechtsprinzipien im Kirchenrecht erstmals angewandt: die Verschriftlichung des Prozesses (*Quod non est in actis, non est in mundo*), ab dem 12. Jahrhundert eine Instanzenhierarchie – diese wird im 15. Jahrhundert im Heiligen Römischen Reich übernommen – und juristisch speziell ausgebildete Berufsrichter, die sich im weltlichen Bereich erstmals in italienischen Städten finden.[64] Auch die Idee vom ‚Offizialprozess‘ im Unterschied zum ‚Zivilprozess‘ entstand in der Kirche, denn sie konnte ‚von Amts wegen‘ ermitteln, auch wenn kein Kläger Anklage erhob.[65]

Eine entscheidende Innovation war das von Papst Innozenz III. zur Bekämpfung innerkirchlicher Häresien ins kanonische Recht eingeführte Verfahren *per inquisitionem*.[66] (Allerdings gab es nicht ‚den Inquisitionsprozess schlechthin‘, sondern verschiedene Varianten – die Entwicklung ist sowohl historisch, regional und inhaltlich komplex.)[67] Die Modernisierungsschritte, die Einzug hielten, lassen sich aber verallgemeinern: An die Stelle irrationaler Gottesurteile und der Beiziehung von Eideshelfern trat die Suche (*inquisitio*) nach Tatsachenzeugen und -beweisen.[68] Zur Wahrheitsergründung dienten jetzt auch Urkunden, Wahrnehmungszeugen, richterlicher Augenschein und die Befragung von ‚Sachverständigen‘.[69]

---

[63] Vgl. ebd., 117.

[64] Vgl. ebd., 16.

[65] Vgl. ebd., 122.

[66] Vgl. Peter SEGL, Einrichtung und Wirkungsweise der *inquisitio haereticae pravitatis* im mittelalterlichen Europa. Zur Einführung, in: Peter Segl, Hg., Die Anfänge der Inquisition im Mittelalter. Mit einem Ausblick auf das 20. Jahrhundert und einem Beitrag über religiöse Intoleranz im nichtchristlichen Bereich, Köln 1993, 1–38, hier 17.

[67] Vgl. die entsprechenden Beiträge in Peter SEGL, Hg., Die Anfänge der Inquisition im Mittelalter. Mit einem Ausblick auf das 20. Jahrhundert und einem Beitrag über religiöse Intoleranz im nichtchristlichen Bereich, Köln 1993.

[68] Vgl. Winfried TRUSEN, Von den Anfängen des Inquisitionsprozesses zum Verfahren bei der *inquisitio haereticae pravitatis*, in: Peter Segl, Hg., Die Anfänge der Inquisition im Mittelalter. Mit einem Ausblick auf das 20. Jahrhundert und einem Beitrag über religiöse Intoleranz im nichtchristlichen Bereich, Köln 1993, 39–76, hier 44–46. Gerade die Kirche hatte zunehmend ein Problem mit den gerichtlich verordneten Gottesurteilen, wurde damit doch gleichsam der allmächtige Gott durch menschliche Gerichte zu einem Eingreifen auf Erden gezwungen, vgl. OESTMANN, Wege, 76 f.

[69] Vgl. OESTMANN, Wege, 120.

Durchgeführt wurden die Verfahren nicht mehr durch den jeweiligen Bischof, sondern durch spezialisierte Richter.[70] Da der leitende Richter mit allen Details des Verfahrens vertraut war, wurde eine Trennung zwischen Gerichtsvorsitzendem und urteilenden Schöffen unnötig.[71] Ein mehrstufiger Instanzenzug vom Bischof über den Erzbischof bis zur päpstlichen ,Rota Romana' als obersten kirchlichen Gerichtshof erlaubte Berufungsverfahren.[72]

Doch die Suche nach dem Schuldbeweis im Inquisitionsprozess führte auch zu einem gravierenden Problem: Da die Schuld ,von Amts wegen' festgestellt werden musste, gestand der Beschuldigte idealerweise seine Tat – das Geständnis wurde zur *regina probationum*, was dazu führte, dass die ,peinliche Befragung' – also die Folter – als ,Beweiserzwingungsmittel' Einzug in die kirchliche Rechtsprechung hielt. Da Geistliche den Angeklagten nicht selbst Gewalt antun durften, wurden diese ,dem weltlichen Arm überantwortet', woraus eine enge Zusammenarbeit im Rechtswesen entstand.[73]

Weltliche Gerichte übernahmen bald die Grundzüge des Inquisitionsprozesses (und damit die Folter), als erstes unter Friedrich II. in Sizilien und in den oberitalienischen Städten.[74] Und auch wenn aus der neuzeitlichen Perspektive die Inquisition oft als Musterbeispiel für die ,Finsternis des Mittelalters' herhalten musste, kann festgehalten werden:

> „Der strafrechtliche Inquisitionsprozess [...] bedeutet auf diese Weise eine weitreichende Modernisierung des Prozessrechts. Tatsachenaufklärung statt Reinigungseid, Amtsermittlung statt Parteiherrschaft – diese Weichenstellung setzte sich im Strafprozess bis in die heutige Zeit nachhaltig durch."[75]

---

[70] Vgl. ebd., 121.

[71] Vgl. ebd., 118.

[72] Vgl. ebd., 121 f.

[73] Vgl. ebd., 122 f. Ein gewisses Unwohlsein bei der Methode, Geständnisse durch Folter zu erzwingen, dürfte aber geblieben sein, mussten diese doch später vor Gericht noch einmal ,freiwillig' wiederholt werden, vgl. Günter Jerouschek, Die Herausbildung des peinlichen Inquisitionsprozesses im Spätmittelalter und in der frühen Neuzeit, in: Zeitschrift für die gesamte Strafrechtswissenschaft 104/2 (1992), hier 346.

[74] Vgl. Segl, Einrichtung, 17 f.

[75] Oestmann, Wege, 122.

Gerade auch in Hinblick auf die Fragestellung dieser Arbeit, nämlich inwieweit die Kirche einen Einfluss auf die Entstehung und Festigung staatlicher Strukturen nahm, spielt die aus dem Kirchenrecht geborene moderne Prozessordnung, der sich bei den Konzilien schließlich sogar der Papst unterordnen muss,[76] eine gewichtige Rolle. Das Ideal der ‚Gleichheit vor dem Recht‘ wurde schon im Mittelalter geboren (wenn auch nicht verwirklicht):

> „Vergegenwärtigt man sich, daß nach altem Recht schon ein Machtgefälle zwischen den Parteien jede Aussicht auf eine Genugtuung illusorisch machen konnte, indem der auch weltlicherseits praktizierte Reinigungseid mit Eideshelfern kaum je mißlingen konnte, so wird man den Beitrag gerade des peinlichen Strafrechts zur Pazifizierung der Gesellschaft im Zuge der sich anbahnenden Staatsbildungsprozesse schwerlich unterschätzen können.“[77]

3.4 Mitwirkung der Kirche am Bildungswesen

Von einem modernen Staatswesen verlangen wir ganz selbstverständlich, dass es zur Bildung seiner Bürgerinnen und Bürger ein staatlich organisiertes oder zumindest unterstütztes Schulsystem zur Verfügung stellt. Welche Ansätze dazu gab es im Mittelalter, und welche Rolle spielte die Kirche dabei?

Im römischen Reich gab es erste, wenn auch rudimentäre, Ansätze eines öffentlichen Bildungssystems. Meist unterrichteten zwar Haussklaven römische Kinder im Lesen und Schreiben, doch auch öffentlich zugängliche Schulen, die von ihren Lehrern ‚privatwirtschaftlich‘ geführt wurden, gab es. Wohlhabendere Schüler konnten Literaturunterricht bei *grammaticus* nehmen, danach – einem modernen Hochschulstudium vergleichbar – bereitete der Unterricht bei einem Rhetoriklehrer auf die öffentliche Laufbahn vor. Teilweise waren diese schon vom Staat oder einzelnen Städten angestellt.[78]

Wie schon in Abschnitt 3.2 erwähnt, ging im Frühmittelalter die Schriftlichkeit aber immer mehr zurück, öffentlich organisierte Schulen wurden weniger, Bildung wurde noch mehr als in Rom zur privaten Angelegenheit. Der Klerus erlangte ab dem 7. Jahrhundert das Schriftmonopol, die Laienbildung ging zurück.[79] Häufigste

---

[76] Vgl. MÜLLER, Krise, 48 f.
[77] JEROUSCHEK, Herausbildung, 338.
[78] Vgl. NONN, Mönche, 10–12.
[79] Vgl. ebd., 14.

Bezeichnungen in den Quellen für den Bildungsgrad sind *litteratus* und *illitteratus*, was üblicherweise mit ‚gebildet' bzw. ‚ungebildet' übersetzt wird. (Möglicherweise ist diese Übersetzung zu sehr vom modernen Bildungsverständnis geprägt, da die Begriffe sich auf die Lese- und Schreibfähigkeit in Latein beziehen. Bildung war aber durchaus auch in der Landessprache möglich, Urkunden ließ sich der Adel vorlesen und setzte sein Monogramm oder Siegel darunter.)[80]

Schön illustriert wird diese von Schriftkunde unabhängige Bildungsvorstellung durch Einhard, den Biographen Karls des Großen:

> „Auch zu Schreiben versuchte er [...]. Doch hatte er mit seinem verkehrten und zu spät angefangenen Bemühen wenig Erfolg. [...] Es genügte ihm jedoch nicht an seiner Muttersprache, sondern er widmete sich auch der Erlernung fremder Sprachen. Darunter brachte er es im Lateinischen so weit, dass er es wie seine Muttersprache redete, das Griechische aber konnte er besser verstehen als selber sprechen."[81]

Im 8. Jahrhundert gab es auch im Klerus vermehrt einen ‚Bildungsnotstand': Dem Hl. Bonifatius zufolge würden Priester in Bayern *in nomine patria et filia et spiritus sancti*, also ‚im Namen Vaterland und Tochter und des Heiligen Geistes' taufen.[82] Solche Missstände wurden Auslöser der ‚karolingischen Bildungsreform', die, beginnend bei Karlmann und Pippin, unter Karl dem Großen ihren Höhepunkt erreichte. Gefördert wurde sowohl die Latein- als auch die volkssprachliche Bildung, wobei erstmals die Unterscheidung zwischen *rustica romana lingua aut theodisca* getroffen wurde. (Aus *theodisca*, eigentlich ‚volkssprachlich', entsteht das Wort ‚deutsch'.) Eine neue Schrift, die ‚karolingische Minuskel', wurde eingeführt und verbreitete sich im ganzen Abendland. Der überwiegende Teil unserer Überlieferung antiker Autoren und der Kirchenväter stammt von Abschriften aus dieser

---

[80] Vgl. ebd., 8 f; Herbert GRUNDMANN, Litteratus – Illitteratus. Der Wandel einer Bildungsnorm vom Altertum zum Mittelalter, in: Archiv für Kulturgeschichte 40 (1958), 1–65. GRUNDMANN findet zwei schöne Vergleiche: Ein moderner Mensch kann auch ohne Notenkenntnisse ein großes Musikverständnis aufweisen und stellt damit seine Bildung unter Beweis. In Wirtschaft und Politik ist es gang und gäbe, Texte zu diktieren, dann die Unterschrift darunter zu setzen und diese damit zu bestätigen – geschrieben wurden sie aber von einer Schreibkraft, die tippen kann, vgl. GRUNDMANN, Litteratus – Illitteratus, 14.

[81] Vgl. NONN, Mönche, 7.

[82] Ebd., 14.

Zeit.[83] Außerdem bemühte Karl sich, die größten Gelehrten seiner Zeit an seinem Hof zu versammeln. Diese waren ausnahmslos Kleriker.[84]

Nicht nur die Bildung war ein Monopol des Klerus, auch das ‚Schulsystem' war fest in kirchlicher Hand. Ursächlich verantwortlich dafür war die Benediktregel, die Grundlage des abendländischen Mönchstums wurde, denn Benedict von Nursia ging darin von der Lesefähigkeit seiner Mönche aus: „In den Tagen der Fastenzeit aber sollen sie vom Morgen bis zum Ende der dritten Stunde für ihre Lesung frei sein. [...] In diesen Tagen der Fastenzeit erhält jeder ein Buch aus der Bibliothek, das er von Anfang bis Ende ganz lesen soll."[85]

Wenn aber die Lesefähigkeit in der Bevölkerung zurückging, sahen sich immer mehr Klöster gezwungen, eigene Klosterschulen – zuerst nur zur Ausbildung der eigenen Mönche – einzurichten. Erstmals für Irland ist dann die Aufnahme von Adelskindern in die Klosterschulen als nicht-mönchische Schüler belegt. Forciert von Karl dem Großen entstanden an vielen Klöstern interne Novizenschulen und externe Schulen für Weltgeistliche, genannt *scolae*.[86] An ihrem Vorbild orientierten sich die an den Bischofssitzen angesiedelten Domschulen, die den dort benötigten Klerikernachwuchs ausbildeten.[87] Die aus der Karolingerzeit überlieferten Handbücher für Landpfarrer und Lehrbücher für Kloster- und Domschulen zeugen von diesen Bemühungen.[88] Als Bildungsinhalte wurden zwar die sieben *artes liberales* aus der heidnischen Antike übernommen, aber im kirchlichen Selbstverständnis in den Dienst des Glaubens gestellt: das ‚Trivium' hatte die (lateinische) Sprache als Schwerpunkt und umfasste Grammatik, Rhetorik und Logik (Dialektik). Das darauf aufbauende ‚Quadrivium' stellte die mathematischen Kenntnisse in den Mittelpunkt und schulte Arithmetik, Geometrie, Astronomie (mit aus heutiger Sicht

---

[83] Vgl. ebd., 15–21. Gerade Karls Bemühungen um die Volkssprache könnten durch die Kirche motiviert gewesen sein, um Predigten und Unterweisungen im Katechismus zu erleichtern. Außerdem zählen Taufgelübde, Vaterunser, Glaubensbekenntnis, Sündenverzeichnisse und Beichtformeln zu den ältesten überlieferten Texten in Althochdeutsch, vgl. ebd., 19.

[84] Ebd., 21–24.

[85] Regula Benedicti 48, 14–16, zitiert nach ebd., 57.

[86] Vgl. ebd., 58–60.

[87] Vgl. ebd., 69–79.

[88] Vgl. PATZOLD, Bischöfe (2009), 267.

unklarer Abgrenzung zur Astrologie) und Musik (wobei es hier mehr um die mathematischen Grundlagen als um praktisches Musizieren ging).[89]

Aus den Dom- und Kathedralschulen entwickelten sich schließlich am Anfang des 13. Jahrhunderts die ersten Universitäten (benannt nach der *universitas magistrorum et scolarium*, der Gemeinschaft der Lehrenden und Studierenden), an denen man neben den *artes* auch weiterführend Medizin, Recht und Theologie studieren konnte.[90] Das Privileg zur Universitätsgründung stellten die Päpste aus. Ihnen ging es um die Absicherung einer einheitlichen Lehrdoktrin, gerade auch gegenüber den entstehenden Häresien, außerdem um die Absicherung ihrer Zentralgewalt und drittens um die Rekrutierung des dafür nötigen Personals. Die Lehrbefähigung (*licentia ubique docendi*) wurde daher ebenfalls vom Papst verliehen und vielfach über Pfründen (mit-)finanziert.[91]

Ab der ersten Hälfte des 14. Jahrhunderts verstärkten sich die Hochschulgründungen weltlicher Mächte. Kaiser, Könige und Landesfürsten, aber zunehmend auch Städte erwarteten sich von der ‚eigenen' Universität nicht nur einen Prestigegewinn, sondern auch Zugang zu gut ausgebildetem ‚Verwaltungspersonal'. Nichtsdestotrotz blieben auch diese Universitäten der kirchlichen Gerichtsbarkeit unterworfen, ein Privileg, das gerade auch die Universitätsangehörigen zu verteidigen wussten. Auch die Verleihung der akademischen Grade blieb kirchliches Vorrecht.[92]

Allen Universitäten gemein war aber, dass die Studenten im überwiegenden Maße Kleriker waren (und in der Frühzeit fast ausnahmslos). Die Bevölkerung deutscher Universitätsstädte wird noch in Quellen aus dem 15. Jahrhundert in die ‚Pfaffen', die *halfpapen* genannten Studenten und die Laienbevölkerung unterteilt. Viele Studenten erhielten ihre Weihe auch erst nach Abschluss ihres Studiums, da die Erlangung einer gutdotierten Pfründe oft Ziel eines Studiums gewesen sein wird. Denn selbst weltliche Herrscher versuchten, Positionen an ihren Höfen über kirchliche Pfründen zu besolden, anstatt in die eigene Tasche zu greifen.[93] Um die nicht immer

---

[89] NONN, Mönche, 27–32.

[90] Vgl. ebd., 96–101.

[91] Vgl. Walter RÜEGG, Themen, Probleme, Erkenntnisse, in: Walter Rüegg, Hg., Geschichte der Universität in Europa: Band I Mittelalter, München 1993, 23–48, hier 33 f.

[92] Vgl. Paolo NARDI, Die Hochschulträger, in: Walter Rüegg, Hg., Geschichte der Universität in Europa: Band I Mittelalter, München 1993, 83–108, hier 87–102.

[93] Vgl. Rainer Christoph SCHWINGES, Der Student in der Universität, in: Walter Rüegg, Hg., Geschichte der Universität in Europa: Band I Mittelalter, München 1993, 181–223, hier 185 f.

wohlhabenden Studenten unterzubringen, gab es schon ab dem 12. Jahrhundert Herbergsstiftungen, die klosterähnlichen *collegia* (wovon der englische Begriff *college* bzw. der französische *collège* herrühren).[94] Zusammenfassend kann man also sagen: „Die Universität war zwar nie eine kirchliche, aber stets eine kirchennahe Institution."[95]

Erste Ansätze zu einem ‚weltlichen' Schulwesen bildeten die ab dem 13. Jahrhundert von reichen Kaufleuten zur Ausbildung benötigter Fachkräfte gestifteten städtischen Schulen, die aber immer noch unter kirchlicher Aufsicht standen. Dort wurde zunehmend in der deutschen Sprache unterrichtet. In den reichen Kaufmannshäusern entstand außerdem vermehrt ein Bedarf an Hauslehrern – im Allgemeinen handelte es sich hierbei aber wieder um Kleriker, die in Ermangelung einer eigenen Pfründe auf der Suche nach Beschäftigung umherziehen mussten.[96]

Offensichtlich war also das ‚Bildungssystem' im Mittelalter fest in klerikaler Hand. Aber lässt sich daraus auch ein großer Einfluss der Kirche auf breite Bevölkerungsschichten neben den Eliten ableiten? Das darf bezweifelt werden, waren doch die Bildungsanforderungen an den niederen Klerus, der die Mehrheit der Pfarrer stellte und damit die Schnittstelle zur Bevölkerung bildete, gering. Dazu zählten ausreichende lateinische Grammatikkenntnisse, um die Worte der Messe vorlesen, aussprechen und verstehen zu können. Das Vaterunser und das Glaubensbekenntnis mussten nicht nur gelesen, sondern auch geglaubt werden. Singen und einige Wissensfragen, etwa nach der Anzahl der Sakramente, rundeten die ‚Fähigkeiten' eines mittelalterlichen Pfarrers ab.[97] Ob mit diesem ‚Bodenpersonal' wirklich eine breite Einflussnahme auf das Denken der mittelalterlichen Bevölkerung möglich war, darf bezweifelt werden. Ernst SCHUBERT urteilt: „Wir wollen aus unserer Meinung keinen Hehl machen und pointieren: Die Geistlichen waren – eine Minderheit – entweder zu gelehrt oder – die Mehrheit – zu dumm, um die Menschen in ihren Meinungen zu beeinflussen."[98]

---

[94] Vgl. NONN, Mönche, 121–124 Neben Kost und Logis erhielten die Studenten oftmals ein ‚Taschengeld', die *bursa*. Daraus entstanden im deutschen Sprachraum die Begriffe ‚Bursch' bzw. ‚Burschenschaft', vgl. ebd., 123–124.

[95] SCHWINGES, Student, 186.

[96] Vgl. NONN, Mönche, 137–142.

[97] Vergleichbare Prüfungsbestimmungen finden sich in zahlreichen europäischen Diözesen des Spätmittelalters, vgl. SCHUBERT, Spätmittelalter, 270 f.

[98] Ebd., 271.

3.5 Mitwirkung der Kirche am Sozial- und Gesundheitswesen

Ein Sozialsystem, wie wir es uns von einem modernen Staatswesen erwarten, kannte das Mittelalter nicht. Die Versorgung Armer, Alter und Kranker war weitgehend Privatsache. Nur die Kirche spielte – direkt, vor allem aber auch indirekt – eine institutionelle Rolle bei der Versorgung Bedürftiger.[99] Gerade der indirekte Einfluss der katholischen Kirche auf das Sozialverhalten der Menschen des Mittelalters dürfte beträchtlich gewesen sein, stand doch das christliche Ideal der Nächstenliebe im Zentrum des Glaubens. „Für die christliche Tradition und damit für das gesamte Mittelalter ist Armut nicht bloß ein soziales Problem sondern ein Element religiöser Ideologie. [...] Armut und Arbeit erfahren in der christlichen Lehre eine völlige Neubewertung."[100]

Im antiken Rom galt Armut als Schande, und selbst wer seinen Lebensunterhalt durch seiner Hände Arbeit bestritt, zählte zu den *pauperes*. Fürsorge anderen gegenüber erfolgte nach dem Prinzip do ut des (‚ich gebe, damit du gibst') – prinzipiell wurde also eine Gegenleistung erwartet: Der *pater familias* war zur Sorge für seine Familie verpflichtet, umgekehrt die Nachkommen zur Altenversorgung; der Patron hatte sich um seine Klienten zu kümmern, die ihn dafür in öffentlichen und politischen Belangen unterstützen mussten; Berufsgenossenschaften (*collegiae*) organisierten gemeinsame Essen und garantierten ein ordentliches Begräbnis, kassierten aber Aufnahme- und Mitgliedsgebühren; die Kaiser sorgten für *panem et circenses*, erwarteten sich dafür aber sozialen Frieden; Veteranen wurden bei der Ausmusterung mit Geld oder Landbesitz alimentiert, mussten dafür aber jahrzehntelang in den Legionen gedient haben. Wer zu solchen Gegenleistungen nicht imstande war, dem blieb nur übrig zu betteln, sich zu prostituieren oder selbst in die Sklaverei zu verkaufen.[101]

Während zahlreiche Aussagen griechischer und römischer Schriftsteller und Philosophen über Arme aus heutiger Perspektive erschütternd klingen,[102] wandelte sich

---

[99] An dieser Stelle sei erwähnt, dass auch ein moderner Sozialstaat wie Österreich ohne die Mithilfe christlicher Organisationen wie Caritas, Diakonie oder Malteser Hospitaldienst, aber auch privater Dienste wie Arbeiter-Samariter-Bund oder Hilfswerk, schnell an seine Grenzen stoßen würde. Noch stärker gilt das für Staaten mit einer anderen sozialen Tradition wie etwa den USA.

[100] Bernhard RATHMAYR, Armut und Fürsorge. Einführung in die Geschichte der Sozialen Arbeit von der Antike bis zur Gegenwart, Opladen / Berlin / Toronto 2014, 51.

[101] Vgl. ebd., 11–45.

[102] Vgl. ebd.

der Ton mit der Ausbreitung des Christentums (ursprünglich ja eine Religion der armen Bevölkerungsschichten) – die Nächstenliebe ist sowohl im Alten wie auch im Neuen Testament häufig angeführt. Einige Beispiele seien genannt: „Du sollst nicht rachgierig sein noch Zorn halten gegen die Kinder deines Volks. Du sollst deinen Nächsten lieben wie dich selbst; denn ich bin der Herr." (3. Mose, 19.) „Wer seinen Nächsten verachtet, sündigt; wer aber der Elenden sich erbarmt, ist glücklich." (Sprüche 14, 21.) „Wer des Armen sich erbarmt, leiht Jahwe; und er wird ihm seine Wohltat vergelten." (Sprüche 19, 17.) „Was ihr getan habt einem von diesen meinen geringsten Brüdern, das habt ihr mir getan." (Matthäus 25, 40.) „Wer euch einen Becher Wasser zu trinken gibt deshalb, weil ihr Christus angehört, wahrlich, ich sage euch: Es wird ihm nicht unvergolten bleiben." (Markus 9, 41.)

Darüber hinaus gab der in den Evangelien geschilderte Jesus ein Beispiel für soziales Verhalten ab, wandte er sich doch ausdrücklich immer wieder den Armen, Kranken und von der Gesellschaft Ausgeschlossenen zu, um ihnen zu helfen. Explizit wird die Aufforderung gerade an die Reichen, ihr Vermögen in den Dienst der Gesellschaft zu stellen, in der biblischen Geschichte vom reuigen Zöllner Zachäus (Lukas 19, 8): „Zachäus aber wandte sich an den Herrn und sagte: Siehe, Herr, die Hälfte meines Vermögens gebe ich den Armen, und wenn ich von jemandem zu viel gefordert habe, gebe ich ihm das Vierfache zurück." Dieses Ideal brachte im Mittelalter zahllose Wohlhabende dazu, Stiftungen für Arme, Kranke und Alte einzurichten und Bettlern zu geben – wenn auch der Gedanke des *do ut des* noch nicht ganz verschwunden war, erwartete der Reiche sich doch durchaus eine Gegenleistung in Form von Gebeten für sein Seelenheil.[103] Im Verlauf des Mittelalters wurde wohltätiges Verhalten zuerst Teil des Herrscherethos und in der Folge dann Teil der Ethik des gesamten Adels.[104]

Armut wird im Mittelalter teilweise sogar idealisiert, wenn sie wie von manchen Mönchs- und Nonnenorden freiwillig auf sich genommen wurde, um „nackt dem nackten Christus nachzufolgen und in der Identifikation mit den Armen diesen zu helfen und die Armut zu überwinden."[105] Noch entscheidender für die Entstehung unserer modernen Gesellschaft dürfte aber die ethische Aufwertung der Arbeit

---

[103] Vgl. ebd., 61.

[104] Vgl. Otto Gerhard OEXLE, Armut und Armenfürsorge im Mittelalter, in: Christoph Sachße / Florian Tennstedt, Hg., Soziale Sicherheit und soziale Disziplinierung. Beiträge zu einer historischen Theorie der Sozialpolitik, 6. Auflage, Frankfurt am Main 1991, 73–100, hier 79.

[105] Ebd., 84.

gewesen sein, die durch die christliche Botschaft erfolgte – eine soziale „Revolution der Denkart"[106].

Die direkte Teilhabe der Kirche am ‚Sozialsystem' des Mittelalters war ebenso bedeutend. Seit das Christentum in der Spätantike Staatsreligion Roms geworden war, gab es eine Zusammenarbeit zwischen dem römischen Staat und der Kirche bei der Armenhilfe. Von der Kirche gegründete Hospize sollten dabei helfen. Kaiser Konstantin und seine Nachfolger verliehen der Kirche dafür zahlreiche Privilegien wie das passive Erbrecht, Steuerbefreiungen oder Zuschüsse zum Bau.[107] Der Codex Iustinianus aus dem Jahr 534 unterscheidet an karitativen Einrichtungen Hospize, Fremdenhäuser, Armenhäuser, Krankenhäuser, Waisenhäuser, Findelhäuser und Altenheime.[108]

Im Mittelalter übernahmen vor allem Bischöfe und Klöster die institutionelle Rolle der Versorgung Bedürftiger, denn ein Viertel der kirchlichen Einkünfte sollte den Armen zugutekommen.[109] Die Benediktregel aus dem 6. Jahrhundert forderte: „Alle Fremden, die kommen, sollen aufgenommen werden wie Christus".[110] Diese Forderung blieb jahrhundertelang und für viele Orden maßgeblich. So schrieb im 12. Jahrhundert der Zisterzienser Otto von Freising:

> „[Am Tor] sitzt ständig ein frommer, gottesfürchtiger Bruder und empfängt alle ankommenden Gäste, Pilger und Armen freundlich und gütig wie Christum selber und geleitet sie zunächst in den Betsaal; darauf führt er sie in die Gastzelle, nachdem er ihnen zuvor die Füße gewaschen und dann in Demut alle Dienste der Nächstenliebe geleistet hat."[111]

Diese Dienste, die Klöster am Gemeinwohl leisteten, waren vielfältig: Arme wurden gespeist, Kranke gepflegt und Fremdenhäuser für Reisende zur Verfügung gestellt, die aber auch als Altersheime für wohlhabende Stifter genutzt werden konnten. In

---

[106] Ebd., 74.

[107] Michel MOLLAT, Die Armen im Mittelalter, München 1984, 25. Wie bedeutend die Kirche im sozialen Zusammenhang geworden war, verrät die Tatsache, dass Kaiser Julian Apostata, der das Christentum im 4. Jahrhundert zurückdrängen wollte, erwog, eine heidnische Hilfsorganisation zu gründen – vgl. ebd.

[108] BORGOLTE, Mittelalterliche Kirche, 119–122.

[109] Vgl. OEXLE, Armut und Armenfürsorge, 79.

[110] Regula Benedicti 53, 1, zitiert nach GOETZ, Weltliches Leben, 155.

[111] Otto von Freising / Walther LAMMERS, Hg., Chronik oder Die Geschichte der zwei Staaten, Darmstadt 1961, 563.

den Augen des mittelalterlichen Menschen genauso wichtig war aber das Beten für das Wohlergehen der Stifter, Schenker und Wohltäter und auch für andere Kloster-gemeinschaften, glaubte man doch an das direkte Eingreifen Gottes in der Welt und den Einfluss von Gebeten auf das Nachleben der Verstorbenen.[112] Die selbst aufer-legten Verpflichtungen konnten sogar zur Verarmung von Klöstern führen.[113]

In den Städten übernahmen karitative Aufgaben ebenfalls über Stiftungen finan-zierte Institutionen, die, anders als am Land durch Adel und Kirche, vielfach durch das Großbürgertum gegründet wurden. Doch auch die Zünfte kümmerten sich auf diese Art um ihre Mitglieder.[114] Die Quellen sprechen von ,Seelhäusern', ,Gotteskel-lern' und ,Gottesbuden' als Armenunterkünften, außerdem von ,Findelhäusern' für Kinder.[115] Zahlreich, gerade auch im Umfeld der Städte, waren die Leprosenhäuser, vielfach wieder unterhalten von Pfarreien oder Bruderschaften.[116] In den Städten des Spätmittelalters kam es dann aber auch zu einem weiteren Wandel in der Wahrnehmung der Armut, ausgelöst durch den allgemeinen Bevölkerungsrück-gang in Folge der Pestwellen: Nur wer wirklich bedürftig war, hatte Anspruch auf Wohltätigkeit, wer seinen Lebensunterhalt durch seiner Hände Arbeit verdienen konnte, hatte das auch zu tun. Die Armut wurde zunehmend verwaltet, Kriterien für die Unterstützung eingeführt, Verhaltensnormen für Arme aufgestellt, ja sogar ,Bettellizenzen' ausgestellt. Erstmals wurde Armut als ,Nicht-Arbeit' aufgefasst, Ar-mut und Arbeit ein kontradiktorisches Gegensatzpaar, das bis in die Gegenwart prägend bleiben sollte. Der arbeitsfähige Arme, der sich der moralischen Verpflich-tung zur Arbeit entzieht, wurde zum ,asozialen Element'.[117]

---

[112] GOETZ, Weltliches Leben, 153–156. BORGOLTE spricht in diesem Zusammenhang sogar von ei-ner *„echte[n] Wechselbeziehung im Sinne des Gabenaustausches"* zwischen dem toten Stifter und den zur *„Gebetsfürsorge"* verpflichteten Begünstigten einer Stiftung, vgl. BORGOLTE, Mittelalter-liche Kirche, 122.

[113] Vgl. OEXLE, Armut und Armenfürsorge, 80.

[114] Vgl. MOLLAT, Die Armen, 133–138. In Paris gab es Mitte des 14. Jahrhunderts z. B. rund 60 Einrichtungen unterschiedlicher Größe, allerdings bei einer geschätzten Einwohnerzahl von 200.000 Menschen, vgl. ebd.

[115] SCHUBERT, Spätmittelalter, 312 und 318.

[116] Ein englischer Chronist behauptet eine Zahl von 19.000 für das Westeuropa des 13. Jahrhun-derts, mehr als 200 allein in England und Schottland, vgl. MOLLAT, Die Armen, 132.

[117] Vgl. OEXLE, Armut und Armenfürsorge, 87–90.

4 Moderne Staaten und ihre religiösen Ko-Produzenten von Staatlichkeit am Beispiel Pakistans

Warum soll man die mittelalterlichen Reiche überhaupt mit modernen Staaten, in denen Religion eine bedeutsame Rolle spielt, vergleichen? Stefan ESDERS meint, eine Untersuchung des Mittelalters schärfe „den Blick für die Eigenart metaphysisch legitimierter politischer Ordnungen",[118] und das sind ja zweifellos viele moderne Staaten, die den Islam teilweise sogar in den Verfassungsrang einer Staatsreligion heben. Umgekehrt erlaubt der Blick auf religiös geprägte Staaten der Gegenwart vielleicht ein tieferes Verständnis für vormoderne Staatlichkeit jenseits des Clichées vom ‚finsteren Mittelalter'.

Maike DE JONG schreibt etwa über frühmittelalterliche Reiche: „Early medieval states [...] were [...] defined by religion, that is, a cult of God shared by the elites in charge."[119] Und für sie greift das Verständnis von *ecclesia* als Ideal einer ‚Universalkirche' aller Gläubigen, die grenzübergreifend und unabhängig von staatlichen Institutionen existiert, durchaus über das Mittelalter hinaus – denn dieses Ideal „[...] has been at the core of post-medieval arguments for the separation of Church and State, and it remains the cornerstone of modern Christian and secular identity, as becomes evident in present-day confrontations with fundamentalist Islam."[120]

Natürlich könnte man für eine solche Betrachtung verschiedene islamische Staaten heranziehen – Saudi-Arabien, Iran oder Indonesien fallen einem sofort als interessante Vergleichsobjekte ein. Da ein (ursprünglich auch angedachter) Vergleich mit mehreren Staaten den Rahmen dieser Arbeit gesprengt hätte, wurde als Fallbeispiel Pakistan gewählt, da es einerseits bei oberflächlicher Betrachtung Ähnlichkeiten mit dem europäischen Mittelalter aufzuweisen scheint, andererseits die Religion eine entscheidende Rolle spielt: Das Land ist geprägt durch die Spannungen zwischen gewählten Regierungen und Militärdiktaturen, zwischen moderner Gesellschaft in den Städten und in einfachsten Verhältnissen lebender Landbevölkerung, zwischen demokratischer Verfassung und auf dem Islam gründender Staatslegitimation. „[It] is perhaps not surprising that Pakistan's political experience has

---

[118] ESDERS, Governanceforschung, 149.
[119] DE JONG, Ecclesia, 131.
[120] DE JONG, State of the Church, 242.

not been untroubled. [...] In a sense Pakistan is caught in the contradiction between the idealized Islamic and modern territorial states."[121]

4.1 Ist Pakistan ein Staat?

Lässt man einmal die Diskussion um den angemessenen Staatsbegriff beiseite und beugt sich ‚der normativen Kraft des Faktischen', so kann die Antwort auf diese Frage nur ‚Ja' lauten: Pakistan ist eine ‚islamische parlamentarische Bundesrepublik' und Mitglied der UNO (die laut Satzung nur ‚friedliebende Staaten' aufnimmt.) Es hatte dort sieben Mal einen Sitz als nicht-ständiges Mitglied im Sicherheitsrat. (Im Vergleich: Österreich war nur drei Mal Mitglied des Sicherheitsrats.) Weiters ist Pakistan Mitglied der WHO, des Internationalen Währungsfonds und der Shanghaier Organisation für Zusammenarbeit (die immerhin 40 Prozent der Weltbevölkerung vertritt). Pakistan ist mit ca. 200 Mio. Einwohnern (ohne die zwischen Indien und Pakistan umstrittene Grenzregion Kaschmir) weltweit das Land mit der fünftgrößten Einwohnerzahl. Es besitzt die sechstgrößte Armee und gehört zu den acht Staaten mit einsatzfähigen Atomwaffen. Das Bruttoinlandsprodukt beträgt über 300 Mrd. US-Dollar – damit liegt Pakistan an 41. Stelle weltweit. (Bezogen auf den Pro-Kopf-Anteil am BIP ergibt das allerdings nur den 151. Platz unter 192 Staaten.)[122]

Niemand wird also bezweifeln wollen, dass man Pakistan als ‚Staat' bezeichnen kann – aber erfüllt es deshalb die in Abschnitt 2 erwähnten Kriterien für einen ‚modernen Nationalstaat' Weberscher Prägung? Das Land wird von zahlreichen ethnischen Gruppierungen bewohnt, die mehr als 50 verschiedene Sprachen sprechen. Die Gesellschaft ist komplex strukturiert. Das Staatsgebiet besteht aus den vier Provinzen Belutschistan, Khyber Pakhtunkhwa, Punjab und Sindh, dem Hauptstadtterritorium Islamabad sowie einem Sonderterritorium unter Bundesverwaltung und einem teilautonomen Gebiet mit eigenen Präsidenten, Premierminister und gesetzgebender Versammlung. Die Grenzen zu Indien und China in der Region Kaschmir sind umstritten. Braucht es vielleicht ein eigenes Staatsmodell für islamische Staaten? Louis D. HAYES meint:

---

[121] Louis D. HAYES, The Islamic State in the Post-Modern World. The Political Experience of Pakistan, Farnham 2014, Preface x.

[122] Vgl. deutsche Wikipedia, Pakistan, https://de.wikipedia.org/wiki/Pakistan (12.08.2018).

> „In the twenty-first century, there are three development patterns as concerns the
> ,state'. There are the ,post-modern' developments affecting mainly the most techno-
> logically advanced states. There is the enduring ,modern state' pattern consisting of
> what used to be referred to as ,underdeveloped' or ,developing' areas. And there is
> the ,Islamic state', an ambiguous but energetically persued condition in the Muslim
> world today."[123]

Wie so ein ,islamischer Staat' aussehen könnte, ist die Frage, die sich der islamischen Welt seit dem Tod des Religionsgründers Mohammed stellt. Denn nur er
konnte die drei Rollen des letzten von Gott gesandten Propheten, des religiösen
und des weltlichen Anführers in einer Person vereinigen und dadurch alleinige Au-
torität als Gesetzgeber, Richter und Anführer beanspruchen. Die Frage nach seinem
legitimen Nachfolger, dem Kalifen, stellte sich gleich nach seinem Tod und führte
zur bis heute fortwährenden Spaltung der muslimischen Welt in Sunniten und Schiiten. Und obwohl theoretisch alle Muslime derselben großen Gemeinschaft, der
umma, angehören, führte die erfolgreiche weltweite Ausbreitung des Islam zur
Fragmentierung der Macht in Händen militärischer Anführer: Emire, Imame, Sul-
tane und Schahs des Mittelalters suchten zwar oft die Anerkennung des Kalifen o-
der vereinten die beiden Titel sogar in einer Person, herrschten aber wie die christlichen Fürsten monarchisch-absolut und stellten die Religion in den Dienst ihrer
Machtpolitik. Im Osmanischen Reich des 19. Jahrhunderts gab es zwar erste Ansätze einer westlichen Vorbildern folgenden Konstitutionalisierung, die aber mit
dem Reich im ersten Weltkrieg zusammenbrachen. Seitdem gab es – neben den
weiterbestehenden Monarchien – verschiedene Ansätze in der islamischen Welt,
moderne Staatswesen auf islamischer Grundlage zu gründen.[124]

Eine unter Muslimen weit verbreitete Wahrnehmung ist dabei, das europäische Na-
tionalstaatsmodell sei ihnen vom europäischen Imperialismus aufgezwungen worden und letztlich der Grund für die mangelnde Einheit in der Umma.[125] Eine eigen-
ständige Entwicklung eines ,islamischen Staatsmodells' sei notwendig. Für westli-
che BetrachterInnen stellt sich vor allem die Frage, inwieweit demokratische
Grundwerte dabei eine Rolle spielen werden: „Yet, the debate of whether or not
democracy is compatible with Islam seems to be largely transforming into a debate

---

[123] HAYES, Islamic State, 30.
[124] Vgl. ebd., 31–53.
[125] Vgl. ebd., 25.

about how democracy is compatible with Islam."[126] Antworten aus der muslimischen Welt variieren von liberalen Ansätzen, wo die Religion Richtlinien für Normen, Einstellungen und Werte der Gesellschaft vorgeben soll, hin zu restriktiven Ansätzen, die die genaue und wörtliche Einhaltung der überlieferten religiösen Vorschriften fordern.[127] Der frühere Botschafter Pakistans in den USA Husain HAQQANI warnt: „Just as communists advocated a ‚dictatorship of the proletariat' that in practice meant domination by communist parties in the name of the proletariat, there are legitimate grounds to suspect that what mainstream Islamists actually seek is a dictatorship of the pious."[128]

Dass das aber nicht unausweichlich so sein muss und historisch betrachtet auch oft anders war, betont Rachid GHANNOUCHI, Parteiideologe der gemäßigten tunesischen Partei Ennahda (‚Wiedergeburt'):

> „Throughout Islamic history, the state has always been influenced by Islam in one way or another in its practices, and its laws were legislated for in light of the Islamic values as understood at that particular time and place. Despite this, states remained Islamic not in the sense that their laws and procedures were divinely revealed, but that they were human endeavors open to challenge and criticism. [...] The primary orbit for religion is not the state's apparatuses, but rather personal/individual convictions. The state's duty, however, is to provide services to people before anything else, to create job opportunities, and to provide good health and education not to control people's hearts and minds."[129]

Sehen wir uns an, welche Antworten Pakistan auf die Frage nach einer geeigneten Verfassung für einen islamischen Staat gesucht und gefunden hat!

---

[126] Juris PUPCENOKS, Democratic Islamization in Pakistan and Turkey: Lessons for the Post-Arab Spring Muslim World, in: Middle East Journal 66/2 (2012), 273–289, hier 274.

[127] Vgl. ebd.

[128] Vgl. Husain HAQQANI, Islamists and Democracy: Cautions from Pakistan, in: Journal of Democracy 24/2 (2013), 5–14, hier 13 f.

[129] Rachid GHANNOUCHI, Secularism and Relation between Religion and the State from the Perspective of the Nahdha Party, http://archive.constantcontact.com/fs093/1102084408196/archive/ 1109480512119.html (14.08.2018).

4.2 Geschichte Pakistans

HAYES unterscheidet drei Elemente, die für die Entstehung Pakistans prägend sind und daraus einen „hybriden Staat"[130] machen: Eine historische Komponente, bestehend aus dem islamisch geprägten Teil der Geschichte Indiens, und hier speziell aus der Periode der islamischen Mogulreiche, zweitens eine praktische Komponente, die von den institutionellen Hinterlassenschaften der britischen Kolonialherrschaft gebildet wird, und drittens einer theoretischen Komponente, bestehend aus der Idee von einem idealen islamischen Staat eingebettet in die Rahmenbedingungen des 20. Jahrhunderts[131] Daher ist es wichtig, die Entstehung Pakistans in einen weiteren historischen Kontext einzubetten.

Ab der Mitte des 7. Jahrhunderts verbreitete sich der Islam auch am indischen Subkontinent, wobei zuerst vorwiegend der Norden betroffen war. Allerdings wurden Hindus wie die Angehörigen der ‚Buchreligionen' Christentum und Judentum toleriert. In einer zweiten, von Afghanistan im 11. Jahrhundert ausgehenden Eroberungswelle konnte der Islam sich weiter nach Süden ausbreiten, im 13. Jahrhundert wurde unter anderem das ‚Sultanat von Delhi' offiziell vom Kalifen von Bagdad anerkannt. Nach der Mongoleninvasion entstand auf der Grundlage der verschiedenen Sultanate das islamische Großreich der Mogulherrscher, das sich vom Kabul- bis ins Gangestal erstreckte und bis Mitte des 19. Jahrhunderts Bestand haben sollte.[132]

Das Zeitalter der Kolonisation begann für Indien bereits im 16. Jahrhundert. Portugiesen, Franzosen, Holländer und Dänen gründeten Handelsniederlassungen. Entscheidenden Einfluss sollte aber die private britische ‚Ostindiengesellschaft' erlangen, die die schwindende Macht der Moguln im 18. Jahrhundert am besten ausnutzen und nach und nach die Kontrolle über den gesamten indischen Subkontinent übernehmen konnte. Nach einem landesweiten Aufstand 1857[133] wurde die

---

[130] HAYES, Islamic State, 8.

[131] Vgl. ebd., 8 f., 47 und 55–62.

[132] Vgl. Katja MIELKE / Conrad SCHETTER, Pakistan. Land der Extreme, München 2013, 46–54.

[133] Die sogenannte *mutiny* wurde ausgelöst, als sich unter muslimischen und Hindu-Angehörigen der britischen Streitkräfte das Gerücht verbreitete, die Papierpatronen für ein neu eingeführtes Gewehr, die vor Verwendung aufgebissen werden mussten, seien mit Schweinefett geschmiert.

Ostindiengesellschaft aufgelöst und ihre Dominions direkt der britischen Krone unterstellt, Königin Viktoria 1877 sogar zur ‚Kaiserin Indiens' ernannt.[134]

Nach dem Ende des Zweiten Weltkrieges kam es auch in Indien zum Entstehen mehrerer Unabhängigkeitsbewegungen. Während Mahatma Gandhi die Einheit Britisch-Indiens erhalten wollte, forderte die Muslimliga unter Muhammad Ali Jinnah immer stärker die Teilung entlang konfessioneller Linien. Die von ihm vertretene ‚Zwei-Nationen-Theorie' forderte zumindest eigene *homelands* für Muslime, da Hindus und Muslime zwei völlig unterschiedliche Nationen bilden würden.[135] Als schließlich Großbritannien seine Kolonie in die Unabhängigkeit entließ, führte die Angst, die Hindu-Mehrheit würde die Muslime in einem gemeinsamen Staat dominieren, zur Forderung nach einen eigenen Staat nur für Muslime.[136] 1947 kam es zur Teilung in die beiden unabhängigen Staaten Indien und Pakistan – sie „ging mit einer der größten gewaltgeprägten Wanderungsbewegung, die die Welt jemals erlebt hatte, einher".[137] Den Gewaltexzessen beim Bevölkerungsaustausch sollen zwischen 200.000 bis zu einer Million Menschen zum Opfer gefallen sein.[138]

Pakistans Staatsgründer Jinnah sah trotz dieser konfessionellen Teilung Religion als Privatsache an: „Nun, da Pakistan geschaffen ist, werden wir in unseren eigenen vier Wänden Hindus, Muslime und Sikhs sein. Im öffentlichen Raum sind wir pakistanische Staatsbürger. Religion ist eine private Angelegenheit, der wir zuhause nachgehen."[139]

Zunehmend wurde aber die Religion zum definierenden Faktor eines Staates, der seiner Bevölkerung sonst kaum integrative Elemente bieten konnte. Pakistan wurde zu einem der zahlreichen ‚schwachen' Staaten, die in Folge der Entkolonialisierung entstanden. Die drei Verfassungsänderungen, zahlreiche Militärputsche und die Abspaltung Ost-Pakistans im Jahr 1971 – das heutige Bangladesch macht mehr als die Hälfte des ehemaligen Staatsgebietes aus – sprechen eine deutliche Sprache. Dem Trauma der Spaltung folgte bald die bislang letzte Verfassungsänderung, die erstmals den Islam zur Staatsreligion erhob, und eine mehr als ein

---

[134] Vgl. Mielke / Schetter, Pakistan, 54–59.
[135] Vgl. ebd., 59–65.
[136] Vgl. Hayes, Islamic State, 7 f.
[137] Mielke / Schetter, Pakistan, 66.
[138] Vgl. ebd., 67.
[139] Zitiert nach ebd., 124.

Jahrzehnt andauernde Militärherrschaft unter General Zia-ul-Haq, der zur Stabilisierung eine umfassende Islamisierung der Gesellschaft für notwendig erachtete.[140]

Einer demokratischen Periode, die allerdings zu einer weitgehenden Desillusionierung der Bevölkerung führte – von 1988 bis 1999 wurden acht Premierminister ‚verschlissen‘, die Wahlbeteiligung sank am Ende auf 35,5 Prozent –, folgte eine weitere Militärdiktatur unter Pervez Musharraf, unter der Pakistan zum wichtigsten Verbündeten der USA im ‚Kampf gegen den Terror‘ wurde. Obwohl Musharraf sich Mühe gab, seinem Regime einen Anschein demokratischer Legitimation zu geben, musste er nach den Wahlen 2008 ins Exil.[141]

Seither hat Pakistan eine positive Entwicklung durchgemacht: Erstmals in der Geschichte vollendete 2013 ein Premier seine fünfjährige Regierungsperiode und wurde durch demokratische Wahlen abgelöst. Im selben Jahr endete auch die Amtszeit des Präsidenten und des Armeechefs regulär, beide wurden abgelöst. Auch der Vorsitzende des Obersten Gerichtshofs ging ohne politischen Aufruhr in den Ruhestand.[142]

4.3 Der Islam als Ko-Produzent von Staatlichkeit in Pakistan

Analog zur Vorgangsweise beim Mittelalter (siehe Abschnitt 3) soll im Folgenden versucht werden, den Einfluss des Islam auf verschiedene ‚Governance-Funktionen‘ in Pakistan zu skizzieren.

4.3.1 Mitwirkung islamischer Institutionen an der Regierung

Dass islamisch geprägte Institutionen eine bedeutende Rolle bei der Regierung einer ‚islamischen Republik‘ spielen, in der über 96 Prozent der Bevölkerung Muslime sind,[143] verwundert wenig. Doch auch hier kann zwischen direktem und indirektem Einfluss auf die Regierungsgeschäfte unterschieden werden.

---

[140] Vgl. HAYES, Islamic State, 91 f.

[141] Vgl. MIELKE / SCHETTER, Pakistan, 92–105.

[142] Vgl. HAYES, Islamic State, 145.

[143] Die Mehrheit hängt verschiedenen sunnitischen Denkschulen an, der Anteil der Schiiten liegt verschiedenen Schätzungen zufolge zwischen 10 und 20 Prozent, vgl. deutsche Wikipedia, Pakistan.

Aktuell gilt in Pakistan die dritte Verfassung seit Staatsgründung, die seit dem Beschluss 1973 allerdings mehrfach abgeändert wurde. Seither ist der Islam die Staatsreligion und Pakistan eine ‚islamische Republik'. Der Präsident als Staatsoberhaupt und der Premierminister als Regierungschef müssen Muslime sein. In der 342 Sitze umfassenden Nationalversammlung sind 60 Parlamentssitze Frauen, zehn weitere Vertretern religiöser Minderheiten vorbehalten.[144]

Prägend für Pakistans Politik ist aber vor allem der Einfluss des Militärs, das sich als Garant für das Fortbestehen Pakistans geriert. Augenfällig sind die langen Phasen der Militärherrschaft, die aber andererseits auch immer friedlich zu Ende gegangen sind. In der Darstellung des Militärs habe man immer nur dann die Macht ergriffen, wenn ein Fehlverhalten der Regierung das nötig gemacht hätte. Fakt ist, dass die pakistanische Gesellschaft auch unter der Militärherrschaft Freiräume zur Verfügung hatte und Reformen in Angriff genommen wurden, weshalb der britische Journalist Anatol LIEVEN meint, die Militärs wären stets bemüht gewesen, Demokraten zu sein, die gewählten Politiker hingegen, Autokraten.[145]

Um ihren Einfluss zu vergrößern und die eigene Unentbehrlichkeit zu unterstreichen, forcieren Pakistans Militärs immer wieder militärische Konflikte. Vor allem im Zusammenhang mit dem Afghanistankrieg und dem Kaschmirkonflikt wurden dabei radikal-islamistische Gruppierungen wie die Taliban unterstützt. Doch umgekehrt sieht sich das Militär gezwungen, gegen militante Islamisten, v. a. in den Grenzregionen zu Afghanistan, vorzugehen, was zu Widerständen in der eigenen Bevölkerung führt, die das Militär in diesem Zusammenhang als Handlanger der verbündeten USA sieht.[146] Als ‚Kontrollinstanz' der islamistischen Gruppierungen dient der mächtige Militärgeheimdienst ISI (*Inter-Services Intelligence*), der sich aber auch stark in die Innenpolitik einmischt und im Verdacht steht, sich über den Drogenhandel zu finanzieren. Inwieweit er noch von der Regierung kontrolliert wird oder schon einen ‚Staat im Staate' darstellt, ist ungewiss. Husain HAQQANI meint: „The ISI plays a behind-the-scenes role in exaggerating political divisions to

---

[144] Vgl. HAYES, Islamic State, 85 f.
[145] Vgl. MIELKE / SCHETTER, Pakistan, 111.
[146] Vgl. ebd., 112–123. Verheerend war in diesem Zusammenhang das Kommandounternehmen von US-Spezialeinheiten zur Ausschaltung Osama bin Ladens auf pakistanischem Hoheitsgebiet und die Frage, inwieweit die Pakistanische Regierung darüber informiert war – die Tageszeitung ‚The Dawn' schrieb: „*Entweder haben wir es nicht gewusst, dann sind wir blamiert; oder wir haben es gewusst, dann sind wir ebenfalls blamiert.*", vgl. ebd., 114.

justify military intervention."[147] Das gilt auch für die Frage, ob der radikale Islamismus im ISI nur ein Mittel zum Zweck darstellt oder schon Teil der dienstinternen Ideologie ist.[148] Generell spielt der Islam – „this alliance between the mosque and the military"[149] – in der ‚Dienst-Ideologie' und dem Selbstverständis der pakistanischen Streitkräfte gerade auch in Abgrenzung zum hinduistischen Indien eine bedeutende Rolle.

Die Armee ist außerdem Pakistans größter Unternehmer und gleichzeitig bedeutendster Grundbesitzer. (12 Prozent des in Staatsbesitz befindlichen Landes werden vom Militär kontrolliert.) Große Teile davon liegen in den Händen Einzelner aus der Offiziersklasse. Andererseits stellt das Militär eine der wenigen Möglichkeiten für sozialen Aufstieg in Pakistan dar und sorgt für seine Angehörigen mit qualitativ hochwertigen Gesundheits-, Bildungs- und Freizeiteinrichtungen.[150]

Große politische Macht liegt in Pakistan bei den ehemals landbesitzenden Eliten, die häufig polemisch als ‚Feudalherren' bezeichnet werden und heute meist große Industriekonglomerate kontrollieren. Der Einfluss vieler dieser Familien wird auch religiös-traditionell legitimiert. Sie gelten als Nachfolger des Propheten und werden als *pirs*, als spirituelle Führer, von der Bevölkerung verehrt. Die Abhängigkeitsstrukturen, die dadurch am Land entstanden, erinnern an das römische Klientelwesen und an mittelalterliche Feudalstrukturen, haben aber in den letzten Jahrzehnten durch zunehmende Vernetzung mit militärischen, wirtschaftlichen und bürokratischen Eliten an Bedeutung verloren.[151]

Auch viele politische Parteien stehen weitgehend unter der Kontrolle mächtiger Familienclans und werden an den Interessen der Landbesitzer und des religiösen Establishments ausgerichtet. Die Parteistrukturen werden oft als ‚feudalistisch' bezeichnet und sind ganz auf charismatische Führerpersönlichkeiten ausgerichtet, was immer wieder zu Parteiabspaltungen führt.[152] Islamistische Parteien gewannen vor allem seit Zia-ul-Haqs Islamisierungskurs an Einfluss, der ihre Bedeutung

---

[147] Husain HAQQANI, The Role of Islam in Pakistan's Future, in: The Washington Quarterly 28/1 (2004), 85–96, hier 87.

[148] Vgl. MIELKE / SCHETTER, Pakistan, 118–121.

[149] HAQQANI, Role, 89.

[150] Vgl. MIELKE / SCHETTER, Pakistan, 114–118.

[151] Vgl. ebd., 131–134 und 150-152.

[152] Vgl. ebd., 126–130.

in der Wählerschaft (zwischen 5 und 10 Prozent) weit übersteigt.[153] Tatsächlich üben sie ihre Macht weitgehend mittels *street power* und über die Aussprache von Fatwas und Predigten in Moscheen aus. Auf diese Weise wurden Versuche säkularer Regierungen, Zia-ul-Haqs Islamisierungsprogramm zumindest in Teilen rückgängig zu machen, immer wieder zunichtegemacht.[154]

Vermehrt kommt es auch zu Konflikten und Auseinandersetzungen zwischen verschiedenen islamischen Konfessionen und Abspaltungen. Vor allem die von Saudi-Arabien geförderten Sunniten und die von Iran unterstützten Schiiten kämpfen um Einfluss, was sich häufig auch in Gewaltausbrüchen entlädt.[155]

HAQQANI sieht in dieser Aufsplitterung der Regierungsgewalt ein Grundproblem: „[...] Pakistan is far from developing a consistent system form of government, with persisting political polarization along three major, intersecting fault lines: between civilians and the military, among different ethnic and provincial groups, and between Islamists and secularists."[156]

4.3.2 Mitwirkung islamischer Institutionen an der Verwaltung

Pakistan erbte von seiner Kolonialmacht ein modernes Verwaltungssystem. Zwar sind über 96 Prozent der Pakistanis Muslime, was sich natürlich im Anteil der Muslime in der Verwaltung widerspiegelt. Daraus lässt sich aber noch kein Einfluss islamischer Institutionen auf die Verwaltung ableiten, da die BeamtInnen Pakistans – wie in einem Staat des 21. Jahrhunderts nicht anders zu erwarten – Verwaltungsentscheidungen nur wenig am Glauben ausrichten. Viel stärker als durch die Religion wird die Verwaltung Pakistans durch die Hierarchien geprägt, die die gesamte Gesellschaft in Klassen und unterschiedlichste Abhängigkeitsverhältnisse teilt. Andererseits bietet der öffentliche Bereich gute Aufstiegschancen, was viele Studierende eine Karriere als Beamter anstreben lässt, obwohl gerade unter Jugendlichen bei einer Umfrage weniger als zehn Prozent angaben, Vertrauen in staatliche

---

[153] Vgl. ebd., 174–177.

[154] Vgl. HAQQANI, Islamists, 10 f. Ein extremes Beispiel ist der Fall einer Christin, die 2010 wegen Blasphemie zum Tode verurteilt wurde. Der Gouverneur der größten Provinz Punjab und der Minister für Minderheitenangelegenheiten sprachen sich öffentlich zu ihren Gunsten und für eine Überprüfung des Gesetzes aus und wurden in der Folge ermordet, vgl. ebd., 12.

[155] Vgl. MIELKE / SCHETTER, Pakistan, 180–183. So wurden zwischen 2007 und 2011 631 gewaltsame Zwischenfälle mit konfessionellem Hintergrund und 1650 Todesopfern registriert, vgl. ebd., 182.

[156] HAQQANI, Role, 87.

Institutionen zu haben. Gehört man erst selbst ‚zum System‘, profitiert man schließlich auch davon.[157]

Das führt dazu, dass Pakistan wie viele Entwicklungsländer von weitverbreiteter Korruption geplagt wird. Laut dem von der NGO ‚Transparency International‘ veröffentlichten Korruptionsindex für 2017 liegt Pakistan an 117. Stelle unter 180 bewerteten Staaten. (In den letzten Jahren war eine geringfügige Verbesserung um einige Punkte feststellbar.)[158] Seit einer Öffnung des Medienmarktes für private Medien wurden diese gemeinsam mit den sozialen Netzwerken zu einem wichtigen Kontrollfaktor bei der Aufdeckung korrupter Vorgänge.[159]

4.3.3 Mitwirkung islamischer Institutionen am Rechtswesen

Für gläubige Muslime ist der Koran nicht nur ein Glaubensdokument, sondern zugleich die zentrale Rechtsquelle des islamischen Rechts.[160] Doch Pakistan erbte das britische Rechtssystem, was von vielen Muslimen als eine schlimme Korrumpierung des wahren Islam wahrgenommen wird. Daher wurden fortlaufend Versuche unternommen, es an die Bedürfnisse eines islamischen Staates anzupassen, was aber immer wieder zu Problemen führte.[161]

Mit der Verfassung von 1973 wurde schließlich ein eigener oberster Scharia-Gerichtshof eingerichtet, dessen Aufgabe darin besteht, die Vereinbarkeit der Gesetzgebung mit den Geboten des Islam zu prüfen.[162] (Von den aktuell acht Richtern des Gerichtshofs sind drei *Ulemas*, also islamische Rechtsgelehrte.) Seither gilt für die politischen Institutionen Pakistans die Regel: „Political institutions, particularly legislative bodies, are not the source of Islamic law but are subordinate to it. Only in those areas where the sharia neither requires nor prohibits can government act independently and then only in a way that is consistent with the sharia."[163]

---

[157] Vgl. MIELKE / SCHETTER, Pakistan, 134.

[158] Vgl. Transparency International, Corruption Perceptions Index 2017, https://www.transparency.org/news/feature/corruption_perceptions_index_2017#table (20.08.2018).

[159] Vgl. englische Wikipedia, Corruption in Pakistan. Role of mainstream and social media, https://en.wikipedia.org/wiki/Corruption_in_Pakistan#Role_of_mainstream_and_social_media (20.08.2018).

[160] Vgl. SCHUPPERT, Governance und Religion, 58.

[161] Vgl. HAYES, Islamic State, 95 f.

[162] Vgl. ebd., 91.

[163] Ebd., 53.

Das Strafgesetz wurde ebenfalls drastisch verschärft: Diebstahl konnte mit der Amputation einer Hand geahndet werden, Sexualkontakte außerhalb der Ehe mit Steinigung. Auf verschiedene Blasphemieverbrechen (wie Herabwürdigung des Koran oder des Propheten) standen Strafen, die von Gefängnis- bis zur Todesstrafe reichten.[164]

Doch auch abseits von Verfassungsänderungen gelang es islamistischen Gruppierungen immer wieder, selbst ohne Erfolg an den Wahlurnen ihre legislative Agenda durchzusetzen. In den 70ern musste die säkulare Regierung unter dem Druck der Straße die Ahmadiyya-Sekte für nicht-muslimisch erklären und Alkohol und Nachtklubs verbieten. Versuche säkularer Regierungen in den 90ern, die unter Zia-ul-Haq eingeführten Strafen für Blasphemie wieder zu entschärfen, scheiterten ebenfalls.[165] Umgekehrt werden Straftäter mit islamistisch-extremem Hintergrund selten verurteilt, entweder weil die Polizei nicht ordentlich ermittelt oder weil die Richter eingeschüchtert werden.[166]

Die Aufnahme der Scharia in die Verfassung islamischer Staaten schafft jedenfalls ein Paradox, dass dann in der Rechtsrealität Probleme verursacht: „On the one hand, the constitution presents itself as a fundamental law of the state and (usually) the expression of the will of the sovereign people; it therefore becomes the law that makes other laws possible. On the other hand, the references to the Islamic shari'a imply and sometimes explicitly state the existence of a higher or prior law."[167] Möglicherweise ist das mit ein Grund für die drei Verfassungen, die seit der Staatsgründung beschlossen wurden, und die zahlreichen Änderungen daran.

4.3.4 Mitwirkung islamischer Institutionen am Bildungswesen

Nur ein kleiner Teil der pakistanischen Jugendlichen erhält eine qualitativ brauchbare Ausbildung, die Analphabetenrate liegt bei ihnen bei 31 Prozent. Wer eine Schulausbildung durchläuft, tut das zu 60 Prozent an einer öffentlichen Schule, rund 5 Prozent besuchen die Koranschule an einer Moschee. Nur etwa ein Drittel hat Zugang zum privaten Bildungssektor, der die qualitativ hochwertigsten Inhalte

---

[164] Vgl. HAQQANI, Islamists, 11-12.

[165] Vgl. ebd., 10–12.

[166] Vgl. MIELKE / SCHETTER, Pakistan, 186.

[167] Nathan J. BROWN / Abel Omar SHERIF, Inscribing the Islamic Shari'a in Arab Constitutional Law, in: Yvonne Yazbeck Haddad / Barbara Freyer Stowasser, Hg., Islamic Law and the Challenges of Modernity, Walnut Creek (California) 2004, 55–80, hier 55.

anbieten kann.[168] Dass hier mehr möglich wäre, zeigt gerade auch der Vergleich mit Indien:

> „Soon after independence, 16 percent of Pakistan's population was literate, compared with 18 percent of India's significantly larger population. By 2003, India had managed to attain a literacy rate of 65 percent, but Pakistan's stood at only about 35 percent. Today, Pakistan allocates less than 2 percent of its GDP for education and ranks close to the bottom among 87 developing countries in the amount allotted to primary schools."[169]

Mit der Islamisierungspolitik Zia-ul-Haqs sollte Pakistans dreigliedriges Bildungswesen in den Dienst der Staatsideologie gestellt werden. Dazu gehörte ein jährlicher, verpflichtender Islamunterricht für Muslime bzw. Pakistankunde für Nicht-Muslime. (Aus Mangel an Lehrern, Lehrbüchern und Geld wurde das allerdings nie vollständig umgesetzt.) Parallel zum öffentlichen Schulsystem wurde die Einrichtung von ‚Medressen', islamischen Religionsschulen, gefördert.[170] Der Diktator gründete auch eine Islamische Universität in Islamabad, die wie viele der Medressen von Saudi-Arabien finanziert wird.[171]

Verpflichtender Arabisch-Unterricht wurde gefordert, um den SchülerInnen die Sprache des Koran beizubringen. Im multiethnischen Pakistan stieß die Forderung auf das Problem, dass viele Schüler und Schülerinnen dann vier Sprachen lernen hätten müssen – neben ihrer Muttersprache (wie Belutschi, Paschtunisch, Punjabi oder Sindhi) die Nationalsprache Urdu und außerdem Englisch (als essentielle Handels- und Verwaltungssprache). Allerdings scheiterte auch diese Initiative wieder am Mangel an Ressourcen.[172]

Trotzdem hatte die Islamisierungsoffensive im Bildungswesen nachhaltigen Erfolg. Die Religion als definierender Faktor Pakistans wurde gerade auch in den Köpfen der Bildungseliten verankert, die eigentliche Vision Jinnahs durch Geschichtsklitterung unterdrückt. Verschwörungstheorien, in denen abwechselnd die USA, Israel

---

[168] Vgl. MIELKE / SCHETTER, Pakistan, 134–138.

[169] HAQQANI, Role, 86.

[170] Vgl. HAYES, Islamic State, 94; MIELKE / SCHETTER, Pakistan, 125 f.

[171] Dort unterrichtete auch Abdallah Yusuf Azzam, einer der intellektuellen Vordenker von al-Quaida, vgl. HAYES, Islamic State, 112.

[172] Vgl. ebd., 95.

oder Indien die finsteren Mächte sind, die gegen Pakistan agieren, finden breite Anhängerschaft.[173]

Auch außerhalb der Institutionen sind Jugendliche einem radikal-islamischen Einfluss ausgesetzt. Die meisten islamistischen Parteien verfügen heute über eigene Jugendgruppen, die auch die Universitäten zu kontrollieren versuchen: „Das Spektrum ihrer Aktivitäten reicht von einer studentisch organisierten Sittenpolizei über die Durchsetzung von Geschlechtertrennung in Lehre und Verwaltung, die Indoktrinierung von Studienanfängern bis hin zu Folter auf den Campus und zu gewalttätigen Aktionen im öffentlichen Raum."[174]

4.3.5 Mitwirkung islamischer Institutionen am Sozial- und Gesundheitswesen

Pakistan weist die für ein Entwicklungsland typischen sozialen Probleme wie Landflucht, Kinderarbeit, Arbeitslosigkeit und verbreitete Armut auf. Ein Drittel der Bevölkerung lebt unter der nationalen Armutsgrenze, mehr als die Hälfte der Haushalte gilt als gefährdet. Das öffentliche Sozialsystem arbeitet wenig zielgenau.[175] Ein neues Regierungsprogramm hat ein wenig Verbesserung gebracht, steht allerdings in der Kritik, der Klientelpolitik der führenden Parteien Tür und Tor zu öffnen.[176]

Auch der Islam verlangt von seinen Gläubigen Mildtätigkeit. Eine *zakat* genannte Almosengabe zählt zu den fünf ‚Säulen des Islam'. Sie wird auf verschiedene Einkommenskategorien als prozentualer Anteil eingehoben und jährlich abgeliefert. Pakistan zählt zu jenen Ländern, in denen Zakat nicht freiwillig, sondern verpflichtend ist.[177] Seit der Islamisierungspolitik Zia-ul-Haqs wird die Abgabe vom Staat eingetrieben.[178]

---

[173] Vgl. MIELKE / SCHETTER, Pakistan, 125 f. und 185.

[174] Ebd., 186.

[175] Vgl. Weltbank, Social Protection in Pakistan, http://www.worldbank.org/en/country/pakistan/brief/
social-protection-in-pakistan (13.08.18).

[176] Vgl. englische Wikipedia, Benazir Income Support Programme, https://en.wikipedia.org/wiki/Benazir_
Income_Support_Programme (13.08.18).

[177] Encyclopædia Britannica, Zakat, https://academic.eb.com/levels/collegiate/article/zakat/78210 (14.08.2018).

[178] Vgl. HAQQANI, Islamists, 12.

Bedeutsam für die Armenversorgung sind auch die vielen Heiligenschreine, die zahlreiche Pilger anziehen und für ihr Umfeld wichtige Wirtschaftsfaktoren darstellen. Aus den Almosen der Pilger erhalten Arme hier kostenlose Mahlzeiten.[179]

Die wichtigste private soziale Organisation ist aber glaubens- und parteineutral. Die ausschließlich über Spenden finanzierte Stiftung betreibt Kranken-, Waisen- und Altenheime sowie Heime für Geisteskranke, dazu Bestattungseinrichtungen für Familienlose im ganzen Land. Der Gründer, Abdul Sattar Edhi, wurde 2012 sogar für den Friedensnobelpreis vorgeschlagen.[180]

---

[179] Vgl. MIELKE / SCHETTER, Pakistan, 30.
[180] Vgl. ebd., 199.

5 Zusammenfassung und Schlussfolgerungen

In der Einleitung haben wir uns die Frage gestellt, inwieweit religiöse Institutionen ‚Ko-Produzenten von Staatlichkeit' in ‚Räumen begrenzter Staatlichkeit' darstellen können und uns für eine Untersuchung des europäischen Mittelalters und Pakistans in der Moderne entschlossen. Welche Ähnlichkeiten, welche Unterschiede können wir feststellen?

Wie wir in Abschnitt 3 gesehen haben, fällt es über weite Teile des Mittelalters schwer, ‚Staat' und ‚Kirche' überhaupt klar voneinander zu trennen, zu sehr waren diese beiden Institutionen ideologisch und personell miteinander verflochten. Die Religion legitimierte nicht nur die Herrschaft der Mächtigen als ‚von Gottes Gnaden', ihre Repräsentanten übten über weite Gebiete selbst Herrschaft aus. Nicht immer blieb diese Machtverteilung konfliktfrei, gerade auch im ‚politischen Alltag', wenn es um die Nachbesetzung von Machtpositionen ging (Investiturstreit, Schisma). Die Verwaltung war in einer Zeit des Analphabetentums völlig in der Hand der religiösen Kaste, deren Schriftmonopol erst mit dem Erstarken des städtischen Bürgertums gebrochen wurde. Die Entstehung unseres modernen Rechtswesens wurde von der Kirche nicht nur durch den Transfer antiken Wissens, sondern vor allem durch die ursprünglich für den ‚Eigenbedarf' entwickelten Rechtsstandards, die nur aus heutiger Sicht archaisch wirken und bald im weltlichen Recht Verbreitung fanden, eingeleitet. Das Bildungswesen des Mittelalters stand über Jahrhunderte ganz im Dienste des Christentums, das als Schriftreligion zumindest beim Klerus Lesekenntnisse verlangen musste und daher das Absinken in völlige Schriftlosigkeit verhinderte. Durch die Verflechtungen mit der Regierung und Verwaltung wurden bald komplexere Bildungsinstitutionen nötig, die die Grundlage unserer immer noch dreigliedrigen Schulsysteme bilden. Bis heute haben sich die christlichen Kirchen nicht völlig aus dem Bildungsbereich zurückgezogen (Privatgymnasien, Internate, theologische Hochschulen). Mindestens genauso groß war aber der Einfluss auf das Sozial- und Gesundheitswesen, wo das Christentum nicht nur in breiten Gesellschaftsschichten die Motivation zu helfen förderte, sondern auch die überwiegende Anzahl der (aus heutiger Sicht) wenigen und unzureichenden Institutionen stellte.

Wenn es also im Mittelalter auch keinen ‚Staat' im nationalstaatlichen Sinne gab, so gab es doch ‚Staatswesen', die viele Funktionen, die ein moderner Staat übernimmt, ihren Bewohnern zur Verfügung stellten – und die Kirche war ein entscheidender ‚Player' bei der Produktion dieser Funktionalität. Hans-Werner GOETZ urteilt daher über das mittelalterliche Staatswesen:

„Aus solcher Sicht [...] ist es dann vielleicht nicht mehr erstaunlich, wie stabil die politische Ordnung als solche im frühen Mittelalter, trotz mancher Krisen und Gefährdungen und trotz sich wandelnder und entwickelnder Reiche, letztlich war. Das beweist, dass das Zeitalter von einem der Epoche völlig angemessenen Staats- und Herrschaftswesen geprägt war, wenn man sich davon löst, die Staaten an modernen Vorstellungen [...] zu messen, und sie vielmehr in ihrer Zeitgebundenheit und in ihrer europäischen Perspektive betrachtet."[181]

Daraus leitet sich auch meine Motivation zur Untersuchung islamisch geprägter Staaten ab: Wenn man es schaffen würde, sie nicht mit christlich-westlich geprägten Vorstellungen und aus der europäisch-postkolonialen Perspektive zu betrachten – möglicherweise würde es sich dann bei ihnen (bei aller legitimen Kritik) trotzdem um ihrer historischen und geographischen Lage „völlig angemessene Staats- und Herrschaftswesen" handeln.

Betrachten wir das Beispiel Pakistan (vgl. Abschnitt 4), so sehen wir, dass es – obwohl unhinterfragter Teil der internationalen Staatengemeinschaft – ebenfalls seine Probleme mit der Erfüllung der Kriterien eines klassischen Nationalstaates hätte, schließlich erfolgte beispielsweise bei der Gründung die Festlegung der Staatsgrenzen entlang religiöser und nicht ethnisch-nationaler Kriterien. In einer ‚islamischen Republik' ist der indirekte, also legitimierende Einfluss der Religion auf die Regierung Teil der Verfassung. Verstärkt wird dieser Einfluss durch die (tatsächliche oder eingebildete) Notwendigkeit, sich gegenüber dem hinduistischen ‚Erzfeind' Indien abzugrenzen. Den wichtigsten ‚religiösen Akteur' stellt durch das Fehlen einer mit den christlichen Kirchen vergleichbaren Institution im Islam aber das Militär dar, das durch den andauernden Konflikt mit Indien geprägt wird und sich immer wieder berufen fühlte, durch Putsche Pakistan ‚auf dem rechten Weg' zu halten. Dadurch wurde das an sich funktionierende demokratische System untergraben, und auch säkulare PolitikerInnen sahen (und sehen) sich genötigt, zumindest nach außen hin der vorgegebenen Staatsdoktrin zu folgen. Zunehmend gewinnen (wie in der gesamten islamischen Welt) auch in Pakistan radikal-islamistische Tendenzen an Einfluss, vielfach unter außerpakistanischem Einfluss und befeuert durch den Konflikt zwischen Sunniten und Schiiten. Die Verwaltung Pakistans ist weniger durch den Glauben beeinflusst als durch die hierarchische Klassengesellschaft und die verbreitete Korruption. Im Rechtswesen gewinnt die an die Scharia angelehnte Rechtsprechung vermehrt Einfluss, was mit drastischen Straf-

---

[181] GOETZ, Versuch, 531.

drohungen für in westlichen Augen geringe Vergehen (wie Blasphemie) einhergeht. Während das öffentliche Schulwesen nur einen Teil der Jugendlichen erreicht, die Lehrpläne an die islamisch-patriotische Staatsdoktrin angepasst werden und die hochwertigste Bildung finanzkräftigen Schichten vorbehalten bleibt, übernehmen vor allem im ländlichen Bereich Islamschulen die Grundausbildung, sind aber vielfach auch für die Radikalisierung verantwortlich. Das schwache Sozialsystem Pakistans ist staatlich finanziert, doch wie in christlich geprägten Staaten bildet der Glaube eine der Säulen der Sozialethik und bildet die Motivationsbasis auch für private karitative Initiativen. Die Rolle, die die Religion spielt, kann man zusammenfassen, indem man Pakistan mit Indien und Bangladesch vergleicht, die noch Mitte des 20. Jahrhunderts einen gemeinsamen Staat mit Pakistan bildeten: „Whereas India and Bangladesh have each evolved as secular democracies focused on economic development, Pakistan continues to be ruled by a civil-military oligarchy that sees itself as defining and also protecting the state's identity, mainly through a mix of religious and militarist nationalism."[182]

Man kann einige interessante Parallelen zwischen dem islamischen Pakistan und den christlichen Staatswesen des Mittelalters ziehen: Der Anteil der Muslime an der Bevölkerung ist fast gleich hoch wie der der Christen im Mittelalter – ein Wert, den heute in der christlichen Welt nicht einmal mehr die USA erreichen. Dem lateinischen Begriff der *ecclesia* in seiner Bedeutung ‚Gemeinschaft der Christenheit' kann man den der *umma*, der ‚Gemeinschaft der Muslime', gegenüberstellen. Doch hier zeigt sich auch ein bedeutender Unterschied: *ecclesia* kann genauso die ‚Institution Kirche' meinen – eine vergleichbare Institution kennt der Islam aber gar nicht, und das beschränkt den direkten, institutionellen Einfluss des Islam. Und genauso wie sich das Christentum in seiner Geschichte immer wieder in verschiedene Konfessionen gespalten hat, ist auch ‚der Islam' keine Einheit – mit allen damit einhergehenden Konflikten, die auch die pakistanische Gegenwart beeinträchtigen. Die Gesellschaft Pakistans wird immer noch vom großen Einfluss der (früher vor allem Land) besitzenden Klasse geprägt, die nicht zufällig ‚Feudalherren' genannt werden und Erinnerungen nicht nur ans Mittelalter, sondern auch an die römischen Antike wachwerden lassen. (Genauso gut könnte man diese Strukturen aber auch mit dem modernen Begriff ‚hierarchisches Beziehungsnetzwerk' beschreiben – inwieweit hier etwas ‚Mittelalterliches' beobachtet werden kann, bleibt Ansichtssache.) Das Militär spielt in Pakistan eine ähnlich gewichtige Rolle wie die Ritter-

---

[182] HAQQANI, Role, 89.

schaft im Mittelalter – allerdings fehlt hier die Personalunion mit den ‚Feudalherren‘, also den reichen Gesellschaftsschichten. Eine Karriere im Militär steht allen Pakistanis offen und wird vielfach zum gesellschaftlichen Aufstieg genutzt. Für moderne Augen gleicht die Scharia dem mittelalterlichen Recht – vor allem was die drakonischen, blutigen Strafen wie Handabschlagen oder Auspeitschen anbelangt. Übersehen wird hier leicht, dass eine weniger wörtliche Auslegung der Scharia von vielen islamischen Rechtsgelehrten als möglich gesehen wird, in Pakistan also aktuell nur eine Auslegungen der Scharia zur Anwendung kommt – und auch das nur in seltenen Fällen, denn die überwiegende Menge pakistanischer Gesetze hat nichts mit der Scharia zu tun. Einen weiteren Unterschied zum Mittelalter stellt der zunehmende inner-islamische Konflikt zwischen Sunniten und Schiiten dar – eine vergleichbare Spaltung erlebt das Christentum erst mit der Reformation. Andersgläubige werden in Pakistan zwar diskriminiert, aber von öffentlicher Seite nicht verfolgt.

Der Islam spielt als ‚Ko-Produzent von Staatlichkeit‘ in Pakistan – wie in vielen islamischen Staaten der Gegenwart – eine zweischneidige Rolle:

> „Auf der einen Seite bildet er den wichtigsten Referenzrahmen für die pakistanische Nation und das Staatswesen – soweit er funktional in die Interessenlage der herrschenden Elite integriert werden kann und es legitimatorisch opportun ist. Auf der anderen Seite wirken ein vom Staat geförderter militanter Islamismus und der Gegensatz zwischen Sunniten und Schiiten immer wieder destabilisierend."[183]

Das kann nicht überraschen, wenn man sich vor Augen führt, dass es ‚den Islam‘ in Pakistan genauso wenig gibt wie im Rest der Welt. Zum Islam gehören sowohl gemäßigte Säkulare, die Religion als Privatsache betrachten, wie terroristische Fundamentalisten, die alle Andersgläubigen aus der Welt bomben wollen. Den Koran als ‚Gottes Wort‘ glauben manche wortwörtlich auslegen zu müssen, während andere eine zeitgemäße Interpretation für notwendig erachten. Während gemäßigte Muslime vielfach eine stabilisierende Rolle in einem Staatswesen spielen können, haben radikale islamistische Kräfte eher spalterische Wirkung, vor allem wo sie von außerhalb finanziert werden. Zwischen diesen Polen bewegte sich auch Pakistan in seiner kurzen Geschichte. Der Versuch, das ‚zweischneidige Schwert Islam‘ zu instrumentalisieren, ist den politischen Führern nicht immer gelungen: „[...] in

---

[183] MIELKE / SCHETTER, Pakistan, 232.

most cases, they simply embraced Islam as a politico-military strategic doctrine that would enhance Pakistan's prestige and position in the world. The focus on building an ideological state, however, has subsequently caused Pakistan to lag behind in almost all areas that define a functional modern state."[184]

Allerdings müssen auch Beispiele für positive Entwicklung genannt werden: Als bei den Wahlen 2002 eine Wahlplattform bestehend aus mehreren islamistischen Fraktionen auf demokratische Weise in zwei Provinzen an die Regierung kam, begann sie, ihr Wahlprogramm einer Islamisierung der Gesellschaft umzusetzen. Dazu gehörten Geschlechtertrennung in Schulen, Beschränkung von Frauenrechten, Einschränkungen für die Unterhaltungsindustrie und verstärkter Einfluss der Scharia auf die Gesetzgebung. Die meisten Maßnahmen scheiterten aber an der nationalen Regierung oder am Obersten Gerichtshof. Nach Misserfolgen bei den nächsten Wahlen zerbrach die Wahlplattform bald wieder.[185] „Das Land hat eine gewählte Regierung, es gibt unterschiedliche Parteien, eine funktionierende, wenn auch tendenziöse Presse, eine unabhängige Justiz und eine wachsende gebildete Mittelschicht."[186] Zwischen 1998 und 2012 ging die Kindersterblichkeit zurück, die Lebenserwartung stieg leicht an. Das Pro-Kopf-BIP steigerte sich von 2002 bis 2011 um 481 US-Dollar auf 1.189 US-Dollar.[187] Es gibt moderne Strömungen in Gesellschaft und Kultur: „The government now encourages women's participation in public life, and cultural events involving song and dance are openly allowed, even encouraged. State-owned media has become more culturally liberal, and private radio and television stations with unrestricted entertainment content have been permitted."[188] Die konservativen Strömungen des Islam werden in ihrem Einfluss als gesellschaftlich-moralischer Kompass übertroffen von der Sufi-Dichtung, die manchmal sogar von Moscheen über Lautsprecher verlesen, aber auch von Rockbands vertont wird. Diese Literaturgattung prägt auch die Filmproduktionen ‚Lollywoods' (in Lahore), die vielfach die gesellschaftlichen Unterschiede und Konflikte der pakistanischen Gesellschaft aufzeigen und kritisch thematisieren.[189]

---

[184] HAQQANI, Role, 90.
[185] Vgl. PUPCENOKS, Democratic Islamization, 276–281.
[186] MIELKE / SCHETTER, Pakistan, 231.
[187] Vgl. ebd., 242 f.
[188] HAQQANI, Role, 92.
[189] Vgl. MIELKE / SCHETTER, Pakistan, 191–195. So war 2011 die Hauptfigur des Filmerfolgs *Bol!* ein Familienpatriarch, der mit einer empfängnisverhütenden Ehefrau und einem

Die oben genannten unterschiedlichen Interpretationsmuster des Koran erlauben auch einen islamischen Feminismus, der die Rechte der Frauen aus den religiösen Schriften ableitet.[190] Homosexuelle Kontakte sind weniger tabuisiert als außereheliche heterosexuelle Kontakte, da die Ehe die Grundlage der patriarchalen Netzwerke bildet. Heiraten werden daher meist innerhalb der Familien arrangiert und eher an soziokulturellen und ökonomischen Kriterien ausgerichtet.[191] Aber das gilt für alle Religionsgruppen Pakistans (und war ja auch in der westlichen Welt bis weit ins 20. Jahrhundert gang und gäbe.) Die Rechte Transsexueller, die vielfach ausgegrenzt von der Gesellschaft leben müssen, stärkte die Regierung durch eine eigene Geschlechtskategorie im Personalausweis.[192]

Der Islam ist auf jeden Fall zentral für das Fortbestehen Pakistans:

> „Were the goal of an Islamic state, however construed, to be abandoned as the basis of the political system, Pakistan would have difficulty defining itself as a unified political system. Should the common element among the four provinces be removed or diminished to the point of insignificance, Pakistan would face the prospect of following a path similar to that experienced in Eastern Europe and especially in Yugoslavia where the common unifying ideological element – communism – was been eliminated."[193]

Während aber der radikale Islamismus destabilisierend wirkt, kann ein in demokratische Prozesse integrierter Islam durchaus eine stabilisierende Rolle entwickeln:

> „In elections, a majority of Pakistanis has repeatedly demonstrated that the populace does not share the Islamist vision for the country. [...] The strength of the Islamists, however, lies in their ability to mobilize financial and human resources. Islamists run schools, operate charities, and publish newspapers; moreover, they are able to put their organized cadres on the streets. Thus, in the absence of democratic decisionmaking, the Islamists can dominate the political discourse. Whenever an elected political leader has rejected Islamists' demands, fears of a backlash have failed to materialize. Between 1972 and 1977, Zulfikar Ali Bhutto was able to successfully

---

intersexuellen Sohn konfrontiert ist und als Koranlehrer für die Söhne eines Bordellbesitzers arbeiten muss, vgl. ebd., 194 f.

[190] Vgl. ebd., 188.

[191] Selbst Premierministerin Benazir Bhutto, die 35-jährig das höchste Regierungsamt übernahm und immer für das moderne Pakistan stand, ging eine arrangierte Ehe ein, vgl. ebd., 33.

[192] Vgl. ebd., 189 f.

[193] HAYES, Islamic State, 109.

expand the role of women in the public arena despite Islamist opposition, and in 1997, Prime Minister Sharif faced only a limited reaction when he reversed the decision to observe Friday as a weekly religious holiday."[194]

Wie wir gesehen haben, ist für die Wertung der Rolle des Islam als ,Ko-Produzent von Staatlichkeit' die Einschätzung der Verkündigung des Propheten Mohammed entscheidend: Können einige seiner Regeln im Kontext seiner Lebensrealität auf der arabischen Halbinsel im 7. Jahrhundert interpretiert werden und dürfen daher an den veränderten Kontext des 21. Jahrhunderts angepasst werden, oder handelt es sich ausnahmslos um verbindliche, kontextunabhängige, göttlich offenbarte Glaubensgrundsätze, die wortwörtlich zu befolgen sind?[195] Dieser Diskussionsprozess ist in der islamischen Welt bei weitem noch nicht abgeschlossen. 2012 schreibt PUPCENOKS noch: „[...] reformers across the Middle East cite Turkey as a model democracy."[196] Heute würde er das vielleicht schon anders sehen.

Der Vorteil des Mediävisten bei der Untersuchung der Kirche als ,Ko-Produzent von Staatlichkeit' liegt hier natürlich darin, dass er weiß, welche Entwicklungen (wie Spaltung, Säkularisation, Religionskriege etc.) die Kirche in den aufs Mittelalter folgenden Jahrhunderten genommen hat. Das macht es leichter, ihre Bedeutung für Prozesse der Staatswerdung einzuschätzen. Es bleibt zu hoffen, dass die islamische Welt der Moderne im Vergleich zur christlichen Welt der frühen Neuzeit mit weniger Gewalt und Kriegen zu einer Lösung der Probleme des Kräfteausgleichs zwischen Staat und Religion und der Rolle der Religion in der Gesellschaft findet. Welchen Weg die islamisch geprägten Staaten im Allgemeinen und Pakistan im Speziellen nehmen werden, ist offen. Eine Bewertung der Rolle der Religion in diesem Prozess muss daher bis auf Weiteres unterbleiben. In 100 Jahren wissen wir mehr!

---

[194] HAQQANI, Role, 95.

[195] Mouhanad KHORCHIDE, Staat und Religion im Islam. Der Beitrag des Islam zur politischen Kultur der Demokratie, in: Uwe Hunger / Nils Johann Schröder, Hg., Staat und Islam. Interdisziplinäre Perspektiven, Wiesbaden 2016, 71–87.

[196] PUPCENOKS, Democratic Islamization, 289.

6 Literaturverzeichnis

6.1 Monographien und Sammelbände

Michael Borgolte, Die mittelalterliche Kirche, 2. Auflage, München 2004.

Nicole Deitelhoff / Jens Steffek, Was bleibt vom Staat? Demokratie, Recht und Verfassung im globalen Zeitalter, Frankfurt am Main 2009.

Joachim Ehlers, Hg., Deutschland und der Westen Europas im Mittelalter, Stuttgart 2002.

Louis D. Hayes, The Islamic State in the Post-Modern World. The Political Experience of Pakistan, Farnham 2014.

Stephan Meder, Rechtsgeschichte. Eine Einführung, 6. Auflage, Stuttgart / Köln 2017.

Katja Mielke / Conrad Schetter, Pakistan. Land der Extreme, München 2013.

Jürgen Miethke / Arnold Bühler, Kaiser und Papst im Konflikt. Zum Verhältnis von Staat und Kirche im späten Mittelalter, Düsseldorf 1988.

Michel Mollat, Die Armen im Mittelalter, München 1984.

Heribert Müller, Die kirchliche Krise des Spätmittelalters. Schisma, Konziliarismus und Konzilien, München 2012.

Ulrich Nonn, Mönche, Schreiber und Gelehrte. Bildung und Wissenschaft im Mittelalter, Darmstadt 2012.

Peter Oestmann, Wege zur Rechtsgeschichte: Gerichtsbarkeit und Verfahren, Köln, Weimar, Wien 2015.

Otto von Freising / Walther Lammers, Hg., Chronik oder Die Geschichte der zwei Staaten, Darmstadt 1961.

Georg Heinrich Pertz, Hg., Monumenta Germaniae Historica inde ab anno Christi quingentesimo usque ad annum millesimum et quingentesimum. Scriptores 9, Stuttgart 1851.

Walter Pohl / Veronika Wieser, Hg., Der frühmittelalterliche Staat – europäische Perspektiven, Wien 2009.

Bernhard Rathmayr, Armut und Fürsorge. Einführung in die Geschichte der Sozialen Arbeit von der Antike bis zur Gegenwart, Opladen / Berlin / Toronto 2014.

Peter Segl, Hg., Die Anfänge der Inquisition im Mittelalter. Mit einem Ausblick auf das 20. Jahrhundert und einem Beitrag über religiöse Intoleranz im nichtchristlichen Bereich, Köln 1993.

6.2 Aufsätze in Fachzeitschriften und Beiträge in Sammelbänden

Gerd Althoff / Hermann Kamp, Die Bösen schrecken, die Guten belohnen. Bedingungen, Praxis und Legitimation mittelalterlicher Herrschaft., in: Gerd Althoff u. a., Hg., Menschen im Schatten der Kathedrale. Neuigkeiten aus dem Mittelalter, Darmstadt 1998, 1–110.

Nathan J. Brown / Abel Omar Sherif, Inscribing the Islamic Shari'a in Arab Constitutional Law, in: Yvonne Yazbeck Haddad / Barbara Freyer Stowasser, Hg., Islamic Law and the Challenges of Modernity, Walnut Creek (California) 2004, 55–80.

Maike de Jong, Ecclesia and the early medieval polity, in: Stuart Airlie u. a., Hg., Staat im frühen Mittelalter, Wien 2006, 113–132.

Maike de Jong, The state of the church: ecclesia and early medieval state formation, in: Walter Pohl / Veronika Wieser, Hg., Der frühmittelalterliche Staat – europäische Perspektiven, Wien 2009, 241–254.

John Eldevik, Bishops in the Medieval Empire: New Perspectives on the Church, State and Episcopal Office, in: History Compass 9/10 (2011), 776–790.

Stefan Esders, Rechtssicherheit und Ordnung als gemeinschaftliche Aufgabe weltlicher und kirchlicher Institutionen (8.–11. Jh). Teilprojekt B 13 des DFG-Sonderforschungsbereichs 700 „Governance in Räumen begrenzter Staatlichkeit: Neue Formen des Regierens?", Finanzierungsantrag 2014–2017, Berlin.

Stefan Esders, Governanceforschung und historische Mediävistik: Neue Perspektiven auf die Genese mittelalterlicher Regierungsweise und Staatlichkeit, in: Stefan Esders / Gunnar Folke Schuppert, Hg., Mittelalterliches Regieren in der Moderne oder Modernes Regieren im Mittelalter?, Baden-Baden 2015, 147–261.

Hans-Werner Goetz, Weltliches Leben in frommer Gesinnung? Lebensformen und Vorstellungswelten im frühen und hohen Mittelalter, in: Gerd Althoff u. a., Hg., Menschen im Schatten der Kathedrale. Neuigkeiten aus dem Mittelalter, Darmstadt 1998, 111–228.

Hans-Werner Goetz, Versuch einer resümierenden Bilanz, in: Walter Pohl / Veronika Wieser, Hg., Der frühmittelalterliche Staat – europäische Perspektiven, Wien 2009, 523–531.

Herbert Grundmann, Litteratus – Illitteratus. Der Wandel einer Bildungsnorm vom Altertum zum Mittelalter, in: Archiv für Kulturgeschichte 40 (1958), 1–65.

Husain Haqqani, The Role of Islam in Pakistan's Future, in: The Washington Quarterly 28/1 (2004), 85–96.

Husain Haqqani, Islamists and Democracy: Cautions from Pakistan, in: Journal of Democracy 24/2 (2013), 5–14.

Günter Jerouschek, Die Herausbildung des peinlichen Inquisitionsprozesses im Spätmittelalter und in der frühen Neuzeit, in: Zeitschrift für die gesamte Strafrechtswissenschaft 104/2 (1992).

Mouhanad Khorchide, Staat und Religion im Islam. Der Beitrag des Islam zur politischen Kultur der Demokratie, in: Uwe Hunger / Nils Johann Schröder, Hg., Staat und Islam. Interdisziplinäre Perspektiven, Wiesbaden 2016, 71–87.

Renate Mayntz, Governance im modernen Staat, in: Arthur Benz, Hg., Governance – Regieren in komplexen Regelsystemen. Eine Einführung, Wiesbaden 2004, 65–76.

Paolo Nardi, Die Hochschulträger, in: Walter Rüegg, Hg., Geschichte der Universität in Europa. Band I Mittelalter, München 1993, 83–108.

Otto Gerhard Oexle, Armut und Armenfürsorge im Mittelalter, in: Christoph Sachße / Florian Tennstedt, Hg., Soziale Sicherheit und soziale Disziplinierung. Beiträge zu einer historischen Theorie der Sozialpolitik, 6. Auflage, Frankfurt am Main 1991, 73–100.

Steffen Patzold, Die Bischöfe im karolingischen Staat. Praktisches Wissen über die politische Ordnung im Frankenreich des 9. Jahrhunderts, in: Stuart Airlie u. a., Hg., Staat im frühen Mittelalter, Wien 2006, 133–162.

Steffen Patzold, Bischöfe als Träger der politischen Ordnung des Frankenreichs im 8./9. Jahrhundert, in: Walter Pohl / Veronika Wieser, Hg., Der frühmittelalterliche Staat – europäische Perspektiven, Wien 2009, 255–268.

Steffen Patzold, Human Security, fragile Staatlichkeit und Governance im Frühmittelalter. Zur Fragwürdigkeit der Scheidung von Vormoderne und Moderne, in: Geschichte und Gesellschaft 38/3 (2012), 406–422.

Walter Pohl, Staat und Herrschaft im Frühmittelalter: Überlegungen zum Forschungsstand, in: Stuart Airlie u. a., Hg., Staat im frühen Mittelalter, Wien
2006, 9–38.

Juris Pupcenoks, Democratic Islamization in Pakistan and Turkey: Lessons for
the Post-Arab Spring Muslim World, in: Middle East Journal 66/2 (2012),
273–289.

Timothy Reuter, Ein Europa der Bischöfe: Das Zeitalter Burchards von Worms,
in: Wilfried Hartmann, Hg., Bischof Burchard von Worms: 1000 – 1025,
Mainz 2000, 1–28.

Walter Rüegg, Themen, Probleme, Erkenntnisse, in: Walter Rüegg, Hg., Geschichte der Universität in Europa. Band I Mittelalter, München 1993,
23-48.

Rudolf Schieffer, Die internationale Forschung zur Staatlichkeit in der Karolingerzeit, in: Walter Pohl / Veronika Wieser, Hg., Der frühmittelalterliche
Staat – europäische Perspektiven, Wien 2009, 43–49.

Ernst Schubert, Spätmittelalter – die Rahmenbedingungen des Lebens kleiner
Leute, in: Gerd Althoff u. a., Hg., Menschen im Schatten der Kathedrale.
Neuigkeiten aus dem Mittelalter, Darmstadt 1998, 229–350.

Gunnar Folke Schuppert, Was ist und wozu Governance?, in: Die Verwaltung
40/4 (2007), 465–512.

Gunnar Folke Schuppert, Governance und Religion. Annäherung an ein komplexes Verhältnis, in: Uwe Hunger / Nils Johann Schröder, Hg., Staat und Islam: Interdisziplinäre Perspektiven, Wiesbaden 2016, 43–70.

Rainer Christoph Schwinges, Der Student in der Universität, in: Walter Rüegg,
Hg., Geschichte der Universität in Europa. Band I Mittelalter, München
1993, 181–223.

Peter Segl, Einrichtung und Wirkungsweise der *inquisitio haereticae pravitatis* im mittelalterlichen Europa. Zur Einführung, in: Peter Segl, Hg., Die Anfänge der Inquisition im Mittelalter. Mit einem Ausblick auf das 20. Jahrhundert und einem Beitrag über religiöse Intoleranz im nichtchristlichen Bereich, Köln 1993, 1–38.

Winfried Trusen, Von den Anfängen des Inquisitionsprozesses zum Verfahren bei der *inquisitio haereticae pravitatis*, in: Peter Segl, Hg., Die Anfänge der Inquisition im Mittelalter. Mit einem Ausblick auf das 20. Jahrhundert und einem Beitrag über religiöse Intoleranz im nichtchristlichen Bereich, Köln 1993, 39–76.

Michael Zürn, Governance in einer sich wandelnden Welt. Eine Zwischenbilanz, in: Gunnar Folke Schuppert / Michael Zürn, Hg., Governance in einer sich wandelnden Welt, Wiesbaden 2008, 553–580.

6.3 Internetquellen

deutsche Wikipedia, Pakistan, https://de.wikipedia.org/wiki/Pakistan (12.08.2018).

Encyclopædia Britannica, Zakat, https://academic.eb.com/levels/collegiate/article/zakat/78210 (14.08.2018).

englische Wikipedia, Benazir Income Support Programme, https://en.wikipedia.org/wiki/Benazir_Income_Support_Programme (13.08.18).

englische Wikipedia, Corruption in Pakistan. Role of mainstream and social media, https://en.wikipedia.org/wiki/Corruption_in_Pakistan#Role_of_mainstream_and_social_media (20.08.2018).

Rachid Ghannouchi, Secularism and Relation between Religion and the State from the Perspective of the Nahdha Party, http://archive.constantcontact.com/fs093/1102084408196/archive/1109480512119.html (14.08.2018).

Transparency International, Corruption Perceptions Index 2017, https://www.transparency.org/news/feature/corruption_perceptions_index_2017#table (20.08.2018).

Weltbank, Social Protection in Pakistan, http://www.worldbank.org/en/country/pakistan/brief/social-protection-in-pakistan (13.08.18).